HARVARD
MEDICAL SCHOOL

ハーバード
メディカルスクール式
人生を変える
集中力

ポール・ハマーネス
マーガレット・ムーア
ジョン・ハンク

森田由美――訳

文響社

私達はマウスをクリックするばかりの
世界に圧倒されてしまっています。
成功への扉を開く鍵はインターネット
ではありません。
それはあなた自身にあるのです。

デレク・シヴァーズ（アメリカの起業家）

Organize Your Mind, Organize Your Life by Paul Hammerness

This edition is published by arrangement with

Harlequin Books S.A. through Japan UNI Agency, Inc.,Tokyo

Introduction

——あなたの脳の実力を100%引き出すトレーニング

整理整頓は得意ですか？　——A、B、Cどれが一番あなたに近いですか

A　整理整頓は完璧。

机の上はきれいで、約束や締切に遅れたためしがない。友達に尊敬され、同僚はやっかむけれど、上司には気に入られている。

B　そこそこ片付いている。

全部きっちりこなそうと頑張っているが、時々途方に暮れ、何から手をつければよいか分からなくなる。自分より整理整頓が上手な上司や同僚が、少しうらやましい。

C　いつもグチャグチャ。

車をどこに停めたか覚えていたらラッキー。ただし、駐車後2分以内に電話やメールが入ったらもう無理。完全に混乱してしまう……ところで、今何を聞かれているんだっけ？

本書は、Ａ～Ｃどのタイプの人にもうってつけだ。

この本では、「トップダウン式整理法」を使って短時間で多くの用事をこなし、ついでに達成感を味わうための6つのステップをお伝えする。

「トップダウン式整理法」は脳科学の知識に基づくものだ。後述のように、脳が思考や行動、感情を整理する仕組みについて驚くべき新たな洞察《どうさつ》が得られている。今では最先端の脳スキャンや神経画像検査で、様々な状況への脳の反応を実際に「見る」ことができる。

胸躍《おど》る科学的発見の例を、ここで紹介したい。

脳には制御機構がある

２００８年に実施されたある試験では、感情を抑える必要がある課題をやらせながら、被験者に楽しい写真、不愉快な写真、どちらでもない写真を順番に見せた。

最新の脳画像検査や神経画像検査により、**被験者たちの脳の思考を司る部位（前頭前皮質と前帯状皮質を含む）が、感情を生みだす部位を操っていることを確認できた。**

これは、脳が本来備えた組織化・制御機構――秩序を作りだし、必要に応じて感情を抑制する機構——の解明に役立つ、興味深い新たな研究である。

後で説明するように、感情を上手く操ることができれば、脳内の様々な思考を司る部位を調整してひとつの仕事に集中させることが可能になり、全く新たな世界が目の前に開ける。ストレスがなく頭の中も身の回りもすっきり整理された、実りある人生への一歩を踏みだせる。

そして何より素晴らしいことに、脳に備わった自己制御の能力を、思考回路に組み込むことができる。こうした仕組みを学び、状況に応じて活用すれば、生活全体がすっきり整理され自信を持つことができる。

やり方さえ覚えればいい。本書ではそれをお教えしていく。

本書の特徴

この本では、机の片付け方やリスト作成法、効率的なスケジュール管理法などのヒントを教えることはしない。

本書は、思考を整理し、仕事や同僚、家族、自分自身に対する日々の接し方や考え方を根本から変えることにより、生活全体を整理するための処方箋《しょほうせん》である。

その結果、集中力や注意力が高まり、気が散らなくなり、以前なら途方に暮れていた新たな状況や変化に、より巧みに適応できるようになる。

この本は、他の自己啓発書とは違う構成をとっている。**本書は、ハーバード大学の一流研究者でもある臨床医と、心身の健康（ウェルネス）を高めるコーチングを手がけるコーチの異例のパートナーシップに基づき執筆された。**

２人の協力体制は将来に向けたモデルとなり、読者に大きな影響を与えるのに役立つはずだ。パーソナルヘルスケア分野では全く新たなコンセプトとなる、この医師とコーチとの協力体制に基づき、まず医師が問題を診断し、何が必要かを解説して変化を起こす下地を作る。次にウェルネス・コーチングの公認コーチが、変化の実現に向けて読者を導いてくれる。

２人の著者を紹介しよう。

ポール・ハマーネスは、ハーバード大学医学部精神医学准教授でマサチューセッツ総合病院精神科医、ニュートンウェルズリー病院児童思春期精神科の医師でもある。

注意欠陥多動性障害（ＡＤＨＤ）を中心に、この10年間脳と行動に関する研究に携わってきた。他の精神科医や精神衛生の専門家、教育関係者や家族を対象に、国内外でＡＤＨＤに関する講演も行っている。

ハマーネス医師は診療を通じて、注意不足が原因で学校で上手くいかない８歳児や、幼い頃からの段取りの悪さのせいで公私両面で立ちゆかなくなっている48歳のキャリアウーマンなど、頭の中が整理できない人を毎日のように目にしている。

自身の研究や、段取りが悪く注意散漫になりがちな人の悩みに寄り添った体験に基づき、ハマーネス医師は、思考が秩序立っていれば何ができるようになるか教えてくれる。

マーガレット・ムーア（通称メグ・コーチ）は、マクリーン病院コーチング研究所共同所長にして、スポルディング病院ライフスタイル医学研究所創設者兼顧問であり（両研究所はハーバード大学医学部の付属機関）、米国有数のコーチ養成学校ウェルコーチズ創設者である。コーチ育成に関する教科書を共同で執筆してもいる。

彼女は、自身が育てた大勢のコーチとともに、何万人ものクライアントが健康や職業生活、私生活に重大で前向きな変化を起こす手助けをしてきた。

思考を整理する能力は誰もが持っている

整理整頓法を扱った本は、すでにごまんと出版されている。本屋に行けば、この本のとなりにも類書が何冊か並んでいるだろう。

こうした本の多くは役に立つが、思考の整理でなく身の回り（オフィス、机、自宅）の整理から始める、いささか時代遅れの手法に頼るケースが多い。

ハマーネス医師とメグ・コーチは、最新の学術論文を参考に、トップダウン式（すなわち頭の中から始める）整理整頓法を用いた新たなアプローチを採用している。

まず脳に関する6つの理論を学び、具体的なコーチング戦略を使って個々の理論を日常生活に取り込めば、この整頓法を実行して驚異的な成果をあげることができる。

この理論では、万人に備わっているが多くの人がその使い方を理解していない、脳（または認知機能）の特徴や能力を扱う。こうした特徴は、あなたの脳に元々組み込まれた機能であり、あとはスイッチを入れさえすればよい。

ハマーネス医師がこのスイッチがある場所と仕組みを解説し、メグ・コーチがスイッチの使

い方を教えてくれる。そのため、まるで四輪駆動の車に乗っているように、デコボコ道を苦もなく走り抜け、秩序立った生産的な未来を手に入れられる。

セルフコーチングという画期的な方法で、この認知機能について学び練習することができる。この機能の力を借りれば、段取りがよくなり気が散らず集中力がアップし、絶えず邪魔が入る現代社会の荒波を乗り切る用意ができるだろう。

読者の理解を促すため、本書では2段階構成で手引きを示し、それぞれの認知スキルの根拠となる脳科学的知識をしっかり理解した後で、そのスキルを自分なりに適用できるようにしている。まずは理論、その次に具体的な解決策を紹介している。

コーチング——思考を整理する秘訣

この解決策——状況を把握し、脳に本来備わった整理能力を活かして注意力・集中力を高め、生活を立て直すための方法——こそが、本書独自の特徴のひとつだ。

気が散りやすい現代社会で効率よく物事をこなす方法を学ぶため、ここではコーチングという、目新しいが非常に効果的な心理学のテクニックを使う。

これについては、第二章でメグ・コーチが詳しく説明してくれる。コーチングは、前向きな変化を促す技能ともいわれる。それは基本的には、心身の健康を高めるプランを作成し、それを実行するための自信とやる気をかき立てるためのプロセスである。

本書でメグ・コーチは、実際のコーチングでクライアントに対する場合と同じように読者に接してくれる。**彼女のことを、前向きな変化を目指す旅の最後まであなたを導いてくれる、専属コーチだと考えてほしい。**ともに踏みだすこの旅の出発点は、自分の感情や段取り力（あるいはその不足）、人生についてあなた自身がどう感じているかにある。

本書の2ステップ方式の処方箋を紹介しよう。

まずハマーネス医師が、注意力・集中力がある脳――現代社会を襲う絶え間ない刺激の中でも、出来る限り効果的に変化し適応し機能する頭脳――の特徴である整理整頓の原則（本書でいう「思考を整理する法則」）を明らかにし、解説する。

次にメグ・コーチが、この原則を自分のものにする方法を教えてくれる。あなたが問題を解決するのを助け、頭の中を整理してデキる人間になり、もっと生産的な人生を満喫できるよう着実にあなたを導いてくれる。

2人の知識は脳科学や心理学、コーチング理論の基盤となる変化の科学に根差すものだが、読者に示す処方箋は、分かりやすく実際的で意欲を引き出すもの、何よりも実行可能なものになっている。

読者は整理整頓能力や段取り力を高め、注意をそぐ誘惑にまどわされず、急激に変化する世界を生き抜く方法を学ぶことができる。

情報は無限でも頭脳はひとつしかない

冒頭の質問に戻ろう。

BまたはCと答えた皆さん、あなたは1人ではない（Aと答えた人も大歓迎だ。そんな皆さんもひょっとしたら、先日メールで受けた営業課からの問い合わせに、返信し忘れていたことを今思い出し、慌ててBと書き直しているかもしれない）。

私たちはしょせん、気が散って集中できない世界に暮らしている。これは、無限の情報への瞬時のアクセスを可能にし、数多くの新たなコミュニケーション・チャネルを開いたデジタル革命の負の側面とも言える。フェイスブックで高校時代の友人を探せるのは、素晴らしいことだ。図書館に行かなくても、グーグル検索で目当ての論文を探せるのは便利なことだ。同僚やクライアントにメールで連絡できないなど、今では想像できない。

むろん、その同僚やクライアントがこぞってメールに返信し、同時に上司から電話が入り、子どもたちからメールが、友人からインスタントメッセージが届いた日には、多少の郷愁《きょうしゅう》の念に駆られても仕方ないだろう。

昔は、どこにいようが24時間連絡をとれることなどなく、メールやツイートその他の新たな技術により大量の刺激に絶えずさらされることもなかった。

パロアルトにあるシンクタンク、未来研究所は、認知の過負荷を扱った2010年の報告書で、「〝情報過多〟は、もはや月並みな言い回しと化した」と述べている。「我々は、デジタル技術が解き放った大量のメディアの猛攻に伴うストレスを表現するため、冗談半分でこの言い回しを使用する。だが現実は厳しく、我々はまだ全貌《ぜんぼう》を目にしていない。すぐに返信を求めるメールが次々に舞い込む圧迫感、ウェブ上の情報を更新しないことへの後ろめたさ、見ていない録画番組がたまりハードディスクが一杯になる恐怖——これは全て、今後来るべきものの前触れに過ぎない。どれほど多くのパソコンを配置して情報の収集、統合、配信を行おうと、誰しも目と耳は一対しかなく、さらに重要な問題として、データを処理する頭脳はひとつしかないのだ」

確かに頭脳はひとつだが、そこにこそ解決策が隠されている。

集中力不足がもたらしたスキャンダル

情報過多が、米国ほどそこかしこで見られる国はない。

その規模は、米国における肥満の蔓延《まんえん》に匹敵するという意見もある。「注意散漫の国アメリカ」には、非公式ながら代表まで存在する。

その代表はホワイトハウスではなく、ニューヨーク州アルバニーにいる。2009年の夏、アルバニーでとある人物のキャリアが一瞬にして水の泡《あわ》となった。マルコム・スミスが笑い者になり、世間から叩かれるきっかけを作った不名誉なその瞬間に、注意散漫と段取りの悪さがもたらすリスクが見事に集約され、多くの人にとって貴重な教訓となっている。

スミスは民主党所属のニューヨーク州選出上院議員で、多数党院内総務を務めていた。ニューヨーク州の政界で大きな影響力を持つ大富豪トーマス・ゴリサーノが彼に話しかけたとき、スミスは携帯でメールをチェックしていたという。

スミスに会うためわざわざアルバニーまで足を運んでいたゴリサーノは、怒り狂った。「私は州の財源節約策を説くため400キロ移動してきたのに、奴はオフィスに入ってくるなり携帯をいじり始めた。頭にきたよ」と彼は報道陣に語った。

怒り心頭のゴリサーノは共和党に出向き、スミスを議員の座から引きずり降ろす手伝いをしたいと申し出た。代わりに、せめて数分はこちらの話に注意を払ってくれる人物を擁立《ようりつ》できないかというのだ。野党はすぐに造反工作を仕掛け、民主党は分裂、野党は上院の支配権奪取への準備を進めた。スミスはマスコミから糾弾《きゅうだん》された。

「スミス議員の携帯で上院は炎上！」「原因はブラックベリー」といった見出しが躍った。

だがそうではない。原因は注意が散漫な点にあるのだ。

スミスに手痛い代償を払わせ、米国最大の州のひとつを235年近い歴史の中でまれに見る混乱に陥れた原因は、（ちょっとした不作法に加え）集中力不足にあった。

これは米国に限った問題ではない。2010年に英国のタブロイド紙を飾った最大のスキャンダルのひとつは、ストライキ回避を目指しブリティッシュ・エアウェイズの経営陣と緊急協議を行っていた労働組合幹部が、会談中にツイッターでメッセージを(1時間に3~4件のペース で)発信していたというものだった。

このニュースは、セーラ・ファーガソン公爵夫人が、元夫アンドルー王子への紹介料として賄賂《わいろ》を受領したことを認める記事と並んで掲載された。協議中のツイートを知った経営陣は激怒し、交渉は決裂した。ストライキが実行され、世界有数の航空会社を利用する大勢の人が旅程の変更を余儀なくされた。「BA社の労使協議、ツイッターで破綻《はたん》」と『デイリー・テレグラフ』紙は一面で報じたが、この報道も間違っている。

原因はツイッターではなく、重要な会議で集中できず、手にした携帯を置いて相手の目を見つめられない脳にあるのだ。

注意散漫という病

とはいえ、少なくともこの組合幹部とスミス議員は、ハンドルを握ってはいなかった。高速道路交通安全局の推計によると、自動車事故の25%以上は運転者の何らかの不注意が原因だという。新たな通信端末の発売、携帯電話の機能追加、新たな衛星ラジオ局の登場、路上への新たな看板設置に伴い、この数字が着実に上昇しているという意見もある。

だがここでも、看板や携帯電話、ラジオ局自体が悪いのだろうか。いや、そうではない。問題は、私たちがそれらを処理できず集中できない点にある。情報に圧倒され混乱してしまうところにある。**注意散漫がもたらすリスクの影響は、家庭や職場で実感でき、一人ひとりの健康状態にも反映されている。**

注意散漫にかかわる残念なデータを、他にもいくつかあげてみよう。

・米国人の43%が自分は段取りが悪いと感じ、21%が仕事の重要な締切に遅れている。約半数が、段取りが悪いせいで毎週2回以上残業すると回答している。

・ファイナンシャル・プランナーを対象とした調査では、目標達成に取り組みながらも、時間管理が下手で自制心が足りないせいで、63%が健康問題を抱えている。過大なストレス、健康悪化、低い業務管理能力の間には直接的な相関関係が見られる。

・米国人の48%が、この5年間に生活上のストレスが増えたと感じている。約半数は、ストレスが公私両面に悪影響を与えていると回答。社会人の約3分の1(31%)が、仕事と家庭の両立に苦労しており、3分の1以上（35％）が、仕事のせいで家族との時間、自分の時間を奪われることを、大きなストレスの原因にあげている。

・ギャラップ世論調査では、働く人の80％が仕事でストレスを感じると答え、約半数がストレス管理法を学びたいと回答している。42％は、同僚がストレスに対応するため手助けを必要としていると回答した。仕事のストレスは、従業員の病気や怪我、保険料の上昇、経営者の生産性低下など様々な問題につながるおそれがある。

・米国疾病予防管理センターによると、現在米国の医療費支出の80％はストレスに関連している。

・働く人の70％が、残業や休日出勤をしている。半数以上がその理由として「自分に課したプレッシャー」をあげている。

命よりも1本のメールを優先させる人々

中でもある種の不注意は今や、現代社会を象徴するものとなっている。

それは「ながら運転」である。米国運輸省がこの問題のため開設した専用サイト（distracion.

gov）を見れば、「ながら運転」の危険性に気づかされる。「ながら運転」といえば携帯メールを連想しがちだが、通話しながら、テレビを見ながら、地図を読みながら、または道路や車から目を離す他の行動をとりながらの運転なども含まれる。

運輸省の統計によると、「ながら運転」の増加とそれがもたらす影響は、驚くべきものだ。

・ハンズフリーかどうかにかかわらず、運転中に携帯電話を使用すると、運転者の反応に、血中アルコール濃度が法定制限値の０・０８％に達した場合と同程度の遅れが生じる。
・運転中の携帯電話使用により、運転にかかわる脳の活動量が37％減少する。
・２００８年に「ながら運転」に起因する事故で約６０００人が死亡し、50万人以上が負傷した。
・「ながら運転」による死亡事故を起こす割合が最も高いのは、20歳未満の若く未熟な運転者である。
・運転中の携帯端末使用により、負傷事故を起こす危険性が４倍高まる。

「ながら運転」を、若者——時速１４０キロで高速を走りながら、友達のフェイスブックへの投稿をチェックするティーンエイジャー——だけの問題と思ってはいけない。

ピュー研究所が2010年に行った調査によると、携帯メールを使用する成人の約半数が、運転中にメールを送信した経験を持つ（この調査で、16～17歳の若者の約3分の1が同じく運転中にメールを送信したことが判明している）。distraction.govを参照すると、米国人の半数が運転中に携帯電話を使ったことを認め、7人に1人が運転中にメールを送ったことがあると回答している。

しかも彼らは、分別があって然るべき人たちだ。比較的高学歴な運転者のうち65％が、運転中に通話やメールを行っている。

つまるところ、「ながら運転」——注意散漫という病のひとつの症状——はもっと大きな問題の一端に過ぎないとの声も聞かれる。**人類は情報過多の段階、あるいは少なくとも、生活上の雑事に忙殺されるあまり、あと1本メールを書き電話を入れるためには命の危険さえ顧《かえり》みない段階に達しているというのだ。**

『ニューヨーク・タイムズ』紙は2010年、技術が脳に及ぼすとされる影響を論じた連載記事を発表した。同じテーマを扱った『USAトゥデイ』紙の記事では、ある研究者が陰鬱《いんうつ》な調子で「現代人のマルチタスキングは、おそらく認知の限界を越えている」と結論づけている。

気が散るのは仕方ないのか

どうしようもないという人もいる。生活のペースは加速し、気を散らす要素は増える一方なのだから慣れるしかない。もうお手上げだと。

だが、そんな言い草はナンセンスだ。

技術進歩のスピードや世の中のペースを遅らせることはできなくても、複雑な変化に対応するだけでなく、そんな社会で成功するため、自分をもっと上手くコントロールする方法はきっと見つけられる。

「ながら運転」をするドライバーや、ストレスで疲れ果て、注意散漫で段取りが悪いせいで地位や仕事、重要な情報をなくしてしまう人がいる一方、その正反対の人もいる。

彼らは家でも職場でも、脳が本来持つ力を活かして生活を整理し、目の前の仕事に集中して高い生産性――それに人生の喜び――を享受《きょうじゅ》する術を知っている。

中には、皆さんが知っている人もいるだろう。

野球選手デレク・ジーターや、フットボール選手トム・ブレイディは、雑音を閉めだし白球や競技場の白線に集中することができる。

デビッド・ペトレイアス陸軍大将をはじめとする軍人は、銃弾が飛び交う内戦下で生死にかかわる判断を下し、先見の明ある経営者スティーブ・ジョブズは、世界的に大きな影響力を持つ企業の舵をとった。

スーパーマンは、政財界の要人やプレッシャーと戦うプロのスポーツ選手だけではない。卓越した想像力を駆使して、『ハリー・ポッター』シリーズを書きあげた作家のJ・K・ローリングはどうだろう（魔法学校ホグワーツの複雑な歴史と多彩な教員陣を考え出し、その全容を頭に入れておくには、どれほど頭の中を整理する必要があるだろう）。

有名人を見れば、彼らが功績を残せたひとつの要因は、ピンチの時に冷静さを保ち、やるべきことに集中できたからだと分かる。

それ以外にも、新聞に名前は載らずとも、先天的、後天的に身につけたスキルを使って脳の力を引き出し、仕事でも家でも並はずれた生産性をあげて成功を収めている人は沢山いる。

そんな例を、これから2人紹介しよう。

シュマーリングの場合

ロブ・シュマーリングはほぼ毎日、午前8時半には1時間の運動を終えて国内外のニュースに目を通し、メールの返信作業を進めている。

2時間かけて仕事仲間とメールをやりとりし、様々なサイトで最新の医療ニュースをチェックする。54歳のシュマーリングは医師で、ボストンのベス・イスラエル・ディーコネス医療センターリウマチ科主任部長をつとめている。

国内有数の病院で重責を担う管理職だが、それだけではない。研究・執筆活動にも携わり、学術論文や共著の一部、論説など合計41本の著作に加え、一般読者向けに数多くのウェブ記事も手がけている。

医学部の学生や研修医を指導し、妻帯者で2人の娘の父親でもある。週1回、女性向けシェルターでボランティアを行い、妻と一緒に読書クラブに参加している（最近はジャニス・リーの『ピアノ・ティーチャー』、キャサリン・ストケットの『ヘルプ―心がつなぐストーリー』を読んだ）。

趣味はピアノとカメラで、週末はマサチューセッツ州の田舎道を自転車で遠出する。その上、靴下を洗濯してたたんだりもするのだ。

「僕は洗濯担当でね」と彼は誇らしげに言う。「家族全員それぞれ分担があって、これは僕の仕事なんだ」

確かにそれも、彼が受け持つ多くの仕事のひとつである。

彼はどうやってこれだけの用事を1日、1週間、いや自分の人生という限られた時間に詰め込み、易々《やすやす》とこなしているのだろう。

本人も、自分は習慣を守るのが好きで、きっちりしている方だと自認している。「子どもの頃、64本入りのクレヨンを色別にきれいに並べていた記憶があるよ」と笑った後、**彼はすぐに、頭の中や身の回りを整理するスキルの多くは、必要に迫られて身につけたものだ、と付け加えた。**今でも毎日が勉強で「余計なことを無視するのが、だんだん上手になってきた」と語る。

たとえば「メールソフトを使っていると、受信メールがプレビューで表示される。最初はそれに気が散っていたけど、今はそのときやっている仕事に専念できるようになった。本当に大切な用件なら対応するけど、プレビュー画面が開くたび注意をそがれることはない」

病院では、シュマーリングのもとに次々と仕事が押し寄せる。患者の容態が急変することもあれば、事務的な問題が起こることもある。研修医や看護師、同僚の質問に急いで答えねばならない場合もあり、その判断が時として命にかかわる。「以前は、いくつもの問題が同時に起きると動揺しがちだった。でも対処法を身につけたから、**今はひとつの用事から次の用事にすばやく頭を切り替え、優先順位をつけられるよ**」

彼が出くわす問題は込み入ったケースが多い。関節炎や紅斑性狼瘡《こうはんせいろうそう》、骨粗鬆症《こつそしょうしょう》にどの薬を処方するか、患者の症状や不安にどう対処するか、院内で起きたスタッフや同僚医師の間のトラブルをどう収めるか。

彼は行動の仕方だけでなく、行動を起こす前の思考法も熟知している。「**ある状況に対し色々な選択肢を考え、自分が過去に手がけた経験があるかすばやく判断するようにしている。**経験がない場合や他の人がやった方がいい場合、あるいは問題解決に誰かの助けがいる場合は、頭の中のファイルにしまって後で対処する」

必要なときに、集中して手際よくスムーズに仕事を片付ける――これが思考が整理された人の特徴である。

シュマーリングは、そのために様々なツールを利用している。ハイテク機器ばかりとは限らない。「途中で作業をやめるときは、どこまでやったか印をつけておくんだ。頭の中にメモすることもあれば、付箋を使うこともある。そうすれば、後ですぐ作業を再開できるからね」と彼は教えてくれた。

文書をどこまで読んだか把握するため、便利な方法も編み出している（仕事柄、報告書やメモ、論文などを読む機会が多い）。パソコンでワード文書を読んでいるときは「今読んだ箇所に黄色でハイライトをつける。これなら、〝どこまで読んだっけ〟と画面をスクロールする時間を省いて、読みかけのページにすぐ戻れる」

またスケジュール管理を含め、必要なときに情報を一目で確認できるようパームパイロットを使っている。とはいえ、「どうしてそんな時代遅れなものを使ってるの、ってよく笑われる」らしい。

デキる人の代表例に取り上げられるくらいだから、毎日机をきれいに整頓して家路につくと思われがちだが、そうではない。自宅でも病院でも、シュマーリングの机には本や書類が山積みになっている。だが「ぐちゃぐちゃに見えても、どこに何があるか自分は完璧に把握している」のだという。

効率的に生活しているおかげで、平日にちょっとした息抜きもできている。過労気味の人は、メールと仕事の書類以外のものを読む時間などないと不満をもらしがちだ。

だがシュマーリングは毎朝ネットで新聞に目を通すだけでなく、今はやりの数独パズルを解き、連載漫画「ドゥーンズスベリー」と「ディルバート」を欠かさず読んでいる。専門職として仕事に打ち込み多忙な毎日を送っているが、仕事のためプライベートを犠牲にして1時間でも多く時間をひねり出そうとするワーカホリックではない。彼は楽しいことが好きでよく笑い、満ち足りた私生活を送っている。そして、効率的に働いて捻出した時間の一部を、時には無駄遣いしたがる。

たとえば「出勤の途中で時々スターバックスに寄るんだ。効率的な時間管理にこだわるなら、家でコーヒーを入れるか病院のカフェテリアでテイクアウトすれば、何分か節約できる。でも僕はスターバックスに寄るのが好きでね。通勤が楽しくなるし、多少息抜きしても別にどうってことない」と彼は語る。

ハーバード大学医学部卒のシュマーリングは、当然頭脳明晰だが、時間管理能力は学歴と全く関係ないと言う。「ハーバードでもどこでも、こんなことは教えてくれなかったよ。特別に高い学位が必要なわけじゃない。**僕のやり方を、間違いなく誰でも真似できると思う**」

その一部は世間でもよく知られているコツで、段取り力を扱った多くの本で取り上げられている。「1日の終わりに、翌日することをリストアップする」、なるほど、これは役に立つコツだが彼の場合、それだけではない。

彼が発揮している能力——ある問題（刺激）から別の問題に注意を移し、集中力を保ち、同時にいくつもの用事に対応しつつすばやく優先順位を判断し、冷静さとユーモアを忘れず最も重要な用事を易々と優雅にこなす能力——は、オフィスの整理整頓より脳内の整理にかかわるものだ。

それはすなわち、頭の整理力である。確かに本人が努力で伸ばしたものかもしれないが、この能力自体は万人に性来備わっている。

シュマーリングのように人命にかかわる仕事であれ、次の例のように人々の貯蓄にかかわる仕事であれ、誰の脳にも段取り力を高める仕組みが組み込まれている。

思考が整理された人の日常　スミスの場合

デキる人の日常を、もう一例見てみよう。

キャサリン・スミスの朝は、コネチカット州の自宅から遠く離れた出張先で始まる。毎日5キロのジョギングは、心身どちらの健康にも良い。「元気を充電する時間です。でも同時にジョギングの時間を、頭をすっきりさせ考え事をするために利用しています」

この発想には驚かされる。一体誰に、考え事などする時間があるだろう。**だがジョギング中の思索と予定作りこそ、スミスを成功に導いたひとつの鍵かもしれない。**

彼女はかなりの成功を収めている。つい先日までスミスは、INGグループ保険部門グローバル本部でトップレベルの役員を務めていた。アムステルダムに本社を置くINGは、世界最大の保険・金融サービス企業のひとつである。

スミスは、米国の企業退職給付制度を管理する部門のCEOとして、約2500人の社員を率い、米国全土5万以上の官民団体や非営利企業で働く550万人近くの加入者に退職金を給付する事業を管理していた（ひょっとすると、皆さんの退職金も彼女が運用していたかもしれない）。総運用資産は現在3000億ドルと、多くの国の国民総生産を上回っている。これほど巨額の資金に対し責任を負ってきたのだ。

2日に1度は出張が入り、日々数百万ドル――その大半が加入者の貯蓄や退職金に相当した――にかかわる決断を下した。「INGの業務は重大です」とスミス自身も認めるが、彼女は

早朝——マサチューセッツ州クインシーの支社を訪問

午前中——150キロ離れたコネチカット州ハートフォードへ車で移動。大手業界誌の電話インタビューを受ける

正午——ゴルフ場に到着。INGが主催するLPGAトーナメントに参加し、最長飛距離賞に輝く

夕方——ゴルフ大会終了後、INGの地域社会への貢献と企業市民としての役割についてスピーチを行う

夜——メールに対応

それを楽しんでいた。一体どうやって全ての仕事をこなしているのかと聞くと、彼女は「やる気と熱意にあふれてますから」と答える。今はそのやる気と熱意を、前職に劣らず過酷《かこく》な新たな仕事に注いでいる。彼女は現在、州知事の指名を受けコネチカット州経済地域開発局長官を務めている。

ＩＮＧ時代、ニューイングランドへの出張に終日同行した元同僚が、全ての業務を軽々とこなすスミスの様子を称賛をこめて上のようなメールに綴《つづ》ってくれた。

生来の能力に加えて、彼女にはフル回転する整理された頭脳があり、新たな仕事にもそれを存分に活用しているという。

「今の仕事では段取りが一層大切になります。これまで以上に巧みな時間管理術が必要です」と彼女は語る。州内の雇用創出や新たな企業誘致も彼女の任務のひとつである。

面白いことにスミスは、デキる人の共通点と思われた「やることリスト」を作っていないという。代わりに、両耳の間にある彼女の最大の財産を最大限に利用している。「考え事をする時間に、自分が何をやり終えたか、あと何が残っているか考えます」

さらに、面倒な問題はいったん脇に置いておき、最適なタイミングでその作業に戻るという術も身につけている。込み入った問題や厄介な人に出くわすこともある。

誰もが時にそうなるように、スミスも苛立ったり腹を立てたりすることがある。彼女の違いは、そんな感情の扱い方を知っている点にある。「考え抜いた末に穏やかに話せるようになるまで、しばらく待った方がいいんです。**全体像を把握し冷静さを取り戻すため、面倒な問題は1〜2日置いておきます**」

ここから、彼女の脳の仕組みのもうひとつの特徴が明らかになる。**それは、パニックを起こさずある用事から別の用事にさっと移行する、いわば頭の切り替えの早さである。**「何も邪魔が入らず、優先順位通りに仕事を進められる日は滅多にありません。途中で発生した問題の多くは無視できず、柔軟な対応が求められます」と彼女は語る。

もうひとつ、指摘すべき点がある。マルチタスキングの手本として彼女を称える人も多いだろうが、本人はその表現自体を否定している。**「できるだけマルチタスクは避けています。む**

しろ目の前の仕事に集中した方が、ずっと効率的に片付けられます。同時に色々なことに手を出すと、いくつかは途中までしか終わらないことが多いんです」

シュマーリングと同様、彼女も仕事に打ち込むあまり、楽しみを犠牲にして出世に邁進《まいしん》しているわけではない。

彼女もやはり、誰から見てもバランスのとれた充実した人生を満喫している。27年間夫と連れ添い、2人の子どもを立派に育てあげた。アウトドア好きでハイキングや自転車での遠出を楽しみ、ボランティアや環境保護活動にも熱心で、コネチカット環境基金の元理事であるとともに、野外教育支援機関アウトワード・バウンド・USA（年間7万人の学生・教師にプログラムを実施）の役員を務めている。

誰もが脳の秩序を取り戻せる

バランス、柔軟性、落ち着き。感情を抑え、さっと頭を切り替え当面の問題に集中する能力。後で説明するように、これらは全て頭が整理された人の特徴である。そんな人は、段取りがよく、やるべきことに意識を切り替え集中できる。変化の荒海を溺れず渡ることができる。

あなたもそうなれる、いや、そんな意識のあり方を身につけられる。

シュマーリングほどの学歴やスミスのような輝かしいキャリアはなくとも、人生を変える思考スキルを活用し、その能力を伸ばすことは誰にでもできる。

学校の教科書や仕事の資料をもっと集中して読みたい、効率的に働き夫（妻）や子どもとの時間を増やしたい、スピード出世を果たしたいなど目的は何であれ、それを実現する能力、必要な資源はあなたの頭の中にある。パソコンに搭載されている色々な機能と同じで、ただ使い方を知らないだけなのだ。

第1章では、ハマーネス医師が、自身が体験した臨床例を参照しながら「思考を整理する法則」と、その背後にある科学的理論を説明してくれる。

第2章では、メグ・コーチが変化の旅に出発する準備の方法を教えてくれる。

第3章以降では、「思考を整理する法則」をひとつずつ順に取り上げ、法則を支える理論と、各法則を皆さんの生活に取り入れるための具体的ヒントを紹介する。

この理論を知れば、人間の脳が本来どれほど整理されたものか（今その実感はなくとも）理解できるだろう。

本書を通じて一緒に集中力と生産性を高めよう。

車の鍵以外に失うものなど何もない。その鍵にしても、おそらく台所のテーブルに置き忘れただけだろう。

目次

第1章 思考を整理する法則——ハマーネス医師 43

第2章
変化を起こせるのは自分しかいない――メグ・コーチ　73

第3章

思考を整理する6つの法則①——動揺を抑える　97

第4章

思考を整理する6つの法則②――集中力を持続する　141

第5章 思考を整理する6つの法則③——ブレーキをかける 173

第8章
思考を整理する6つの法則⑥——スキルを総動員する

第1章

思考を整理する法則

——ハマーネス医師

そそっかしいジルの最悪の1日

マサチューセッツ州ケンブリッジ、木曜日の午後六時頃。

私は、並木に縁《ふち》取られたエールワイフ・ブルック・パークウェイ沿いにあるオフィスに腰をおろしていた。

私はハーバード大学医学部で研究と指導を行うかたわら、この4階建てのレンガ作りの建物――マサチューセッツ総合病院精神科の別館――で患者を診ている。

小学生、高齢者、弁護士、セールスマン、主婦（主夫）など、患者の性別や職業はまちまちだが、ひとつだけ共通点がある。みな馴染み深い訴えや不安を抱えて、私や同僚のもとを訪れるのだ。**よくお目にかかるのは、「自分はもっとできるのに」「このままじゃいけないんです」といった悩みである。**

人によって訴えの内容は多少違うが、口にする症状は同じだ。私のオフィスで専門に治療を扱っている症状である。**注意欠陥多動性障害（ADHD）といえば、誰もが聞いたことがあるのではないだろうか。**

ある患者（ジルとしておく）が、約束の時間に遅れてきた。

私がメールをチェックしていると、ドアが勢いよく開き、２階のオフィスまで階段を駆け上がってきた彼女が、息を切らせて飛び込んできた。慌てふためき、見るからに動揺している。「遅れてごめんなさい」と言いながら、机を挟んで私と向きあう形でイスに腰をおろす。「大変な1日だったの、信じてもらえないかもしれないけど」

「それはどうかな、落ちついて何があったか聞かせてください」

ジルは30代後半、高い教育を受け研究職についている。ハーバード大学とマサチューセッツ工科大学のお膝元であるケンブリッジで働く、大勢のいわゆる知識労働者のひとりだ。彼女は一息おいて話し始めた。自宅の改装工事のため、数週間前から一時的に友人のアパートに身を寄せているのだという。

「昨夜帰宅したとき鍵をどこかに置いて、今朝起きたらどこに置いたか全く見当がつかないんです」

私はうなずいた。話がどこへ向かうか見えた気がした。

「あちこち探しました、いつもの場所を。いいえ、もちろん自分の家じゃないから、いつもの場所ではないんだけれど。友達は本当にいい子なんだけど、たぶん私以上にダメな人で。先生から見れば私はだらしないだろうけど、一度友達の部屋を見れば……」

私は話を本題に戻すため口を挟んだ。さもなければジルは、今朝のように堂々巡りを続けどこにもたどりつけないだろう。「ええ、それで鍵を探していたんですね」ジルは微笑んだ。「そうです。私、どうかしてましたね。30分間鍵を探しました」

そこでジルは言葉を切り、頭を振った。

「見つかりましたか？」と私。

彼女はしょんぼりとうなずいた。「何とか」

「どこにあったんです」

「友達の台所のテーブルの上に！　もちろん私は探しながら10回くらい台所を行ったり来たりしたんです。その間ずっと、すぐ目の前にあったなんて。信じられない」

「何とも腹立たしい話ですね……でも、ありうることです。あなたは前にも鍵をなくしてるんですから」悲しげに微笑むジルに、私はたたみかけた。「それで、どうなりましたか」

「そこからは滅茶苦茶でした」彼女は、30分の鍵探しが引き起こした遅刻と不手際のドミノ――トラブルの数々――を語り始めた。

職場の打ち合わせに遅れ、会議室のドアを開けるとちょうど上司のひとりが重要な説明をしているところだった。

話の腰を折ったことに気まずさを覚え、自分に腹を立てながら会議から戻り、ようやくパソコンの前に座ると、次々に催促のメールが届きさらに焦る。慌てて返信するが、宛先を間違えて関係ない相手にぶしつけな返事を送り、機嫌をそこねてしまう（ようやく間違いに気づき送りなおしたが、本来の送信相手もやはり機嫌を悪くする）。

メールのトラブルに時間をとられたせいで、正午が締切のプロジェクトをこなせない。締切に間に合わず、昼食抜きで大急ぎで仕上げる。2時間遅れで出来の悪い代物《しろもの》を提出するが、上司からかんばしい反応は得られない。

一言で言えば、ジルにとって最悪の1日だった。ものの置き場所を忘れたり、何か忘れたせいで1日が台無しになったのはこれが初めてではないが、鍵の一件が引き起こした不幸の連鎖に、彼女はまだ動揺し混乱していた。

「いつもこうなんです」と怒りと恥ずかしさで一杯のジルが、涙を浮かべて訴える。

「この調子ではクビになってしまいます……たかが鍵ごときを、ちゃんと管理できないばっかりに」

誰もがADHDに似た症状を体験する

ジルには気の毒だが、彼女の話は珍しいものではない。ジルはADHDなのだ――そして彼女はむろん、ひとりではない。米国の大人の約4%、子どもでは5～7%がADHDの診断基準を満たすとされる。

またほぼ誰もが、人生のどこかの時点でADHDに似た症状を体験するといってよい。ADHDの症状には、忘れっぽい、衝動的、ものをなくす、不注意なミスをする、すぐ気が散る、集中できないなどがある。

この数日間、いや数時間以内に誰もがいずれかの症状を経験しているのではないだろうか。車の鍵をなくした、（鍵は見つかったが）出勤や帰宅途上のドライブでメールやツイッター、携帯電話の着信に注意がそがれた、段取りが悪くて会議に遅れた、締切に間に合わなかった、ミスをおかした……。

だからといってADHDとは限らない。

だがこんな経験があるなら、あなたも、今や社会にあふれる注意散漫な人々の仲間かもしれない。本書はそんな人にもってこいだ。
なぜならこれから、あるべき姿に戻る方法を紹介するからだ。

ADHDの診断基準

次の質問に答えてみよう。「頻繁」または「非常に頻繁」が4以上ある場合、医療機関を受診してADHDかどうか確認した方がよいだろう。

この半年間について、「全くない、めったにない、時々、頻繁、非常に頻繁」のどれに当てはまるか、答えて下さい。

1. 物事を行うにあたって、難所は乗り越えたのに、詰めが甘くて仕上げるのが困難だったことが、どのくらいの頻度でありますか。

2. 計画性を要する作業を行う際に、作業を順序だてるのが困難だったことが、どのくらいの頻度でありますか。

3. 約束や、しなければならない用事を忘れたことが、どのくらいの頻度でありますか。

4. じっくりと考える必要のある課題に取り掛かるのを避けたり、遅らせたりすることが、

どのくらいの頻度でありますか。

5. 長時間座っていなければならないときに、手足をそわそわと動かしたり、もぞもぞしたりすることが、どのくらいの頻度でありますか。

6. まるで何かに駆り立てられるかのように過度に活動的になったり、何かせずにいられなくなることが、どのくらいの頻度でありますか。

出典：世界保健機関（ＷＨＯ）

皆さんがＡＤＨＤかどうかにかかわらず（おそらく違う可能性が高いが）、本書の目的は知識を与え啓発し、読者の頭の中を整理することにある。忘れっぽさが、ジルのように発達障害の症状である場合もあれば、さほど深刻ではない悩みに過ぎない場合もある。

本書はこの問題に真正面から取り組み、単純明快で効果的な解決策を提案する。

『スレート』誌が２００５年に初めて「注意散漫という病」と名づけた現象は、肥満と同じほど社会に蔓延し、現代社会を襲う他の健康リスクに負けず劣らず重大な問題になっている。

ミシガン大学のデビッド・メイヤーは、注意力の危機を扱った２００９年の『ニューヨーカー』

誌の記事の中で、この問題を「生産的な思考能力と集中力を備えた一世代の人間を丸ごと消し去る可能性を秘めた、認知機能を冒す病」に他ならないと断じ、知らぬ間に人体を蝕むニコチン中毒との類似性を指摘した。

「昔の人が肺に沈着したタールを見られなかったように、現代人は自分の思考プロセスに何が起きているか、気づいていない」とメイヤーは述べている。ただし、おそらくタバコの有害性など意識せず、キャメルをフィルターなしで何箱も喜んで吸っていた１９５０〜60年代の「頭のおかしい男たち」と違い、多くの現代人は生活の中で、集中力や注意力、ある種の秩序を維持しにくくなっていることを、自覚している。

喫煙と異なり、この病が害を及ぼすのは、注意散漫と整理下手の症状が最も深刻かつ明白な形であらわれる、ＡＤＨＤの人だけではない。友人や家族、同僚に調子はどうかとたずねれば、おそらく「へとへとさ」「ストレスがたまって」「途方に暮れている」「何とか持ちこたえてるよ」といった言葉が返ってくるだろう。

何気ない会話の中でも、「思考停止状態」「頭の中が真っ白」「私、ボケてきたかも」（実際はまだ若いのに）という台詞《せりふ》をよく耳にする。

誰もが、程度の差はあれ、この病に冒されている。

イメージをわかせて行動を変えるスイッチ

私のオフィスを訪れたジルに話を戻そう。私は、鍵をなくして大変な1日を過ごしたこの女性が、現代人の狂騒的な生活に不満をこぼす大勢の人と違うことを知っている。

他の人と違い、ジルには明らかな症状があるのだ。**だが彼女の話に耳を傾ける中で、ジル以外の人にも役立つ極めて単純な解決策の可能性に思い至った。**

その2週間前に行った定例セッションで、ジルと私はアポロ11号の月面着陸を話題にした。月面着陸40周年のニュースを見たが、宇宙船を載せたサターンロケット打ち上げは壮観だった、月に降り立つアームストロング船長を白黒のテレビで目にし、静かの海から届く雑音まじりの彼の声を聞いたときの感動は今も忘れられない、人類がまた月に立つ日は来るのだろうか――といった類の内容だった。

彼女がその会話に関心を見せた記憶をヒントにして、私はジルのための解決策を考案する上でうってつけの表現を思いついた。

「明日の朝に向けてひとつ提案があります。これまでのセッションで相談してきたように、私たちは今、あなたの生活に秩序を取り戻し、上手くいかない行動パターンを変えようとしています」と私は説明した。

「ええ、それはいいですけれど」と彼女は丁寧な口調で応じる。「一体どうするんです？」

「鍵を置く発射台を作るんです」

彼女はいぶかしげに眉を持ちあげた。

「発射台ですよ」と私は繰り返す。「鍵や、それに身分証、メガネなんかも必ずそこに置くようにする。そうすれば、必ずそこにあると分かります……毎朝、そこから1日を始めるんです」

まるで見えない画家が丁寧に絵筆を入れたかのように、ジルの顔にゆっくりと微笑みが広がった。

「発射台」と目を輝かせる。「そうですね。何を使えばいいでしょう。箱、フック、かご、それともトレイかしら」

私も微笑み返す。「あなたの発射台だから、好きなもので構いません。ただし場所を決めて、いつも同じ場所に置いておくこと。お友達の家に戻ったらすぐ、鍵を発射台にセットする。そうすれば鍵は毎朝必ずそこにあります。発射台から旅立つ準備を整えてね」

このアイデアに、ジルも心から賛同してくれたようだった。**何よりもこれは行動に基づく解**

決策で、本人が今すぐ簡単に実行できそうだった。

さらに重要な点として、発射台という言葉はイメージを浮かび上がらせる（ジル本人もそこが気に入っていた）。混乱や注意散漫に陥らず、確実な見通しをもって1日を始めるにはどうすればよいか、思い起こさせてくれるのだ。

「発射台」ひとつで生活が変わる

翌週、ジルは時間通りオフィスにあらわれ、息を切らすどころか笑みを浮かべながら部屋に入ってきた。

「さあ、今週は何を忘れたか質問して下さい。お答えできますよ」

「ではおたずねします。この1週間、持ち物や約束、用事などを忘れましたか」と私も応じた。

彼女は意気揚々と「いいえ、何ひとつ。その理由はこれです」と答え、バッグから小さな蓋《ふた》のない小物入れを取り出した。もう何年も使っていなかったものだという。「私の発射台です」と誇らしげに見せてくれた。「台所のドア横に置いています」

さらに、この箱の周りにも気を配ったという。確かに箱のそばのスペースが、大きく様変わりしていた。テーブルの上は片付けられ、ドア横の空間を整理したおかげで発射台を置く場所ができていた。それだけではない、彼女は職場にも発射台を作った。ただしこちらは仕事用で、スタッフに配る大切な資料を入れておくために使用した。これに伴い、職場の作業スペースも片付ききれいに整頓された。

ジルにとって、その週は全てが順調だったといえる。**ＡＤＨＤが「治った」のか？　そうではないが、これは足場となる小さな一歩だ。**そして彼女は実際、歩みを進め始めている。発射台が彼女の自尊心や段取り力に与えた影響は、誰の目にも明らかだろう。

朝のバタバタが解消し行動パターンが多少安定してくると、ジルは自信を取り戻し始めた。発射台を設置して以来、ジルが鍵を探すのに時間をとられて朝の会議に遅れるようなことはなくなったと、付けくわえておきたい。

ジルとの経験は、整理整頓に関していくつか重要なポイントを教えてくれる。

第一に、物を忘れる、整理整頓ができないという体験ひとつひとつが、大きな影響を引きおこす可能性がある。

第二に、一度何かを忘れただけで負の連鎖が起きたように、小さな１歩が生活改善に向けた

大きな進歩につながることがある。発射台は簡単な解決策だが、鍵を探さずにすむ以上に大きな効果を生んだ。おかげで、鍵以外に何を整理できるか考えるようになり、時間を節約でき、出勤前の朝のイライラから解放された。くつろげる環境を手に入れ、物事を秩序立てて考えられるようになった、などなど。

第三に、ジルとの会話を聞いただけでは分からないかもしれないが、私が提案した簡単な解決策は、人間が持つ最も複雑な器官である脳の仕組みに関する知識に根差すものだ。

脳の高度な抑制と均衡の仕組み

神経画像検査を使えば、思考の仕組みの理解に役立つ知識が得られるという話は、皆さんもご存知かもしれない。

実際その通りで、最先端の画像技術を通じて活動中の脳の機能や構造を観察することができる。中でも、脳がその機能を最大限に発揮するための構造――すなわち、脳の仕組み――を知る上で、これほど貴重な知識が得られる検査はない。

では、脳はどんな仕組みになっているのか。一見すると、とうてい理解できないほど複雑に思える。

人間の脳は、１０００億個ともいわれる神経細胞（ニューロン）から成り、この神経細胞が結びついて集合体または回路を形成し、神経伝達物質と呼ばれる化学物質を受け渡している。この集合体が集まって脳というさらに大きな回路を形作っており、それら全体の規模は考えると気が遠くなるほどだ。

イメージをつかむ格好の方法がある。グーグルアースで自宅を見ていると想像してほしい。画像を拡大すると自宅と近所の家が見える。その１軒１軒の家が、１個の神経細胞にあたる。縮小すると町内全体を一望でき、さらに縮小すると近隣の町を含む市の姿が見えてくる。さらに飛行機の高度まで遠ざかると、市町村が集まって大都市圏を形成している。

脳の構造もこれと同じで、１軒１軒の家（神経細胞）が集まることで、極めて単純なものがとてつもなく巨大で複雑な集合体に姿を変える。

別の例として、暑い夏の日に、あなたと近所の人全員がエアコンの風を強くしたとする。隣町の人も同じことをする。市全体や周囲の自治体全てが、猛暑だからといって同じことをすればどうなるだろう。おそらく局地的に電力が逼迫《ひっぱく》する。あるいは、あまりに多くの市町村が同じ行動をとれば、停電が起こり地域全体が電力を失うだろう。

これが電力出力超過（オーバーロード）である。だが、こんな事態を避けられたかもしれない。どこかの時点で照明が暗くなった、電力会社が終日注意を促しピーク時の電力消費を控えるよう呼び掛けていたなど、兆候があったかもしれない。

現代人の多くが経験している、脳が過度の刺激にさらされる状態は、この猛暑日の電力逼迫に似ている。あまりに消費が多いと、過剰な負担がかかるのだ。色々な鍵をなくす、会議の予定を忘れる、やるべきことが頭から抜け落ちる——。こうしたエピソードは全て、照明が一瞬かげるのと同じで脳が警告を発しているのだ。実際、あなたもそうした経験があるからこそ、本書を手に取ったのだろう。

これで理解が一歩進んだが、停電のたとえが通用するのはここまでだ。電気の場合は、電力網から供給される電力に限界があるため、それを超えると停電してしまう。幸い脳はもっと適応力があるため、別のたとえが必要になる。

私たちがワシントンの政治に苛立つことはあっても、三権分立だけは常に適切に機能している。行政府、議会、最高裁判所は言い争い、時に互いに盾《たて》突くことさえある。

だが実は、憲法が定めた複雑な抑制と均衡のおかげで、長期的に見ていずれかひとつの権力が優位に立つことは決してない。

人間の脳にも、高度な抑制と均衡の仕組みが備わっている。**何より素晴らしいのは、この精《せい》緻《ち》に設計されたバランスにもかかわらず、脳の構造全体は、たとえ現代人を悩ます刺激の嵐に見舞われても強固な安定性を失わない点にある。**

あなたの脳は整理整頓が得意なはず

米国国立精神保健研究所の研究者が、脳科学・精神医学に対する全く新しい挑戦的な考え方を提案している。**ＡＤＨＤやうつ病、不安障害など認知、感情、行動面の多くの問題は、何年も前から存在したが見過ごされてきた脳内回路の問題に起因する可能性があるというのだ。**

この問題を早い段階で発見できれば、コレステロール値が高めの患者（放置すれば、心不全など心血管系に重大な問題を引き起こすおそれがある）に医師が低脂肪食と運動を奨めるように、具体的な介入を通じてその問題を防止し改善すらできるかもしれない。

脳科学の進展により複雑な脳内回路が解明されたため、脳内の抑制と均衡の仕組みを理解することができる。マクロレベルで特に重要な例のひとつが、脳による情動と認知のバランスである。

冒頭で紹介した試験を覚えているだろうか。この試験では被験者に、感情を抑える必要がある課題をさせながら楽しい写真、不愉快な写真、どちらでもない写真を見せた。

すると画像検査により、脳の思考を司る部位（前頭前皮質と前帯状皮質を含む）が、感情を生みだす部位を操っていることが分かった。感情を抑え、脳内の思考を司る各部位を連携させて集中できれば、全く新たな世界が目の前に開ける。整頓能力が高まり、ストレスが減り、生産性が向上し、当然ながら車の鍵をなくすこともない実りある人生が手に入る。

確かにこれは朗報だ。**あなたは整理整頓が苦手でも、あなたの脳は違う。脳は元々、様々な部位が調和的に機能するかけがえのない組織であり機構なのだ。**そして嬉しいことに、脳に生まれながらに備わったこの自己調節機能を呼び覚まし、デキる人間になるために活用することができる。

やり方さえ分かればいいのだ。

それがこの本の目的である。私がジルにしたことを、あなたが自分でできるようにする。本書では、生活に秩序をもたらし集中力を維持するため、脳がどんな役割を果たせるかを説明する。そして、あなた自身がそれを実行する方法を教える。

日常生活の些細なことから人生全般まで、全体像と細部の両方を扱い、理論的な説明と具体的な処方箋を示す。認知科学、ＡＤＨＤの原因、健常な脳の仕組みといった脳科学を論じる一方、脳に組み込まれた驚くべき整理力の活用法をどうやって身につけるかという解決策も取り上げる。共著者のマーガレット・ムーアも、変化の科学という新たな刺激的な研究分野の知識を活かして、皆さんの生活を変える手助けをしてくれる（次章で詳しく扱う）。

思考を整理する6つの法則

長年患者と接した経験や、増える一方の臨床文献、脳科学の進歩から得られた知見に基づき、私たちはＡＤＨＤ患者と一般の人の悩みへの理解を深めてきた。

その知識を活かせば、忘れっぽくなくなり、注意力を取り戻し、注意散漫や集中力不足のせいで生活が滅茶苦茶になるのを防ぐには何をすべきか一層明確にできる。

本書では、数多くの重要な脳の機能を、「思考を整理する法則」という6つの原則にまとめている。**この脳のスキルは、誰でも伸ばし習得することができる。**

次章以降でメグ・コーチと一緒にこの法則を説明し、集中力アップと秩序ある生活のためこのスキルを身につける方法を示す。まずは3つの簡単な原則から始め、それを足場にして、さらに複雑な整理整頓の能力と戦略を構築していく。

1、動揺を抑える

思考に働きかける前に、感情をコントロールする――あるいは少なくとも理解する――必要がある。苛立ちや不満、混乱のさなかでは、思慮深く効率的に振舞うのはむずかしい。**まずは冷静になり、その瞬間に感じている苛立ちや怒り、失望を鎮《しず》めねばならない。**

その最高の手本は、意外にもケーブルテレビの人気番組から得られる。人気番組『ザ・カリスマドッグトレーナー～犬の気持ちわかります～』のホスト、シーザー・ミランほど感情を抑えるのが上手な人はいない。シーザーは、犬と飼い主が仲良く暮らすコツを教えるだけでなく、思考の整理に必要なアプローチも教えてくれる。**犬（それに取り乱した飼い主）と接するときの彼のモットーは、「冷静だが毅然《きぜん》と」である。**犬を健康に育ててしっかりしつけるには、「冷静で毅然たる態度」が求められる。彼のウェブサイト（www.cesarsway.com）に紹介されているように、これは「自分は冷静で毅然とした群れのリーダーだと犬に分からせるため、犬に対して発するエネルギー」である。毅然とするとは、「怒ったり攻撃的になるのとは違う。冷静で毅然たる態度とは、常に思いやりを示しつつ密かに主導権を握っていることを指す」という。密かに主導権を握るとは、素敵な言い回しだ。これをあなたの日々の整理整頓能力に、どんな風に役立てられるだろう。

その方法はこうだ。**机に山積みになった（またはパソコンの受信箱にたまった）仕事に取り掛かるとき、仕事が山積みの状況に腹を立てたり、上司に憤慨したり、先のことを心配したり、仕事をためたことへの自己批判に駆られてはいけない。**まずは落ちつき、自分の認知能力を活用する準備を整えるのだ。そうすれば、シーザーが手に負えない犬をしつけたように、山積みの仕事を片付けられる。

効率的でデキる人間は、自分の感情を素直に認められる。ただし感情に翻弄《ほんろう》される多くの人と違い、彼らは不満や怒りを文字通りひとまず脇に置き、仕事に集中することができる。こみ上げる感情が生みだす動揺を手早く抑えられれば、それだけ早く仕事を終わらせて、いい気分になれる。

シーザーの言葉を借りれば、静かな自信が必要なのだ。

2、集中力を持続する

持続的な注意力は、段取り良く行動するための基盤になる。予定を調整し計画的に行動し、段取り良く物事を片付けるには、集中力を保ち周囲の様々な刺激を無視できねばならない。注意力を持続する過程で、脳は周囲の様子を探り何か特定の刺激に注意を向ける一方で、他の視覚的、聴覚的な情報も処理し続けている。

私たちが何か（たとえば会議室の上座にいる発言者が、会社の新たな取り組みについて語っている）に集中している間も、脳は新たな情報（左から聞こえる書類のカサカサいう音、右側の囁《ささや》き声）を評価している。この無関係な情報（ノイズ）も、あなたの注意を引きつけようとするが、頭の中が整理されていれば、注意に値しない情報をただちに判別して閉め出すことができる。いわばノイズの中から信号を見分けるのだ。

紙の音や隣の雑談は注意に値しないとみなされるが、誰かが会議室に駆け込んできて「うちのＣＥＯが手錠をかけられて連行された！」と叫べば、その人の言葉が「要注意」リストの一番上に躍り出るだろう。

周囲のあらゆるノイズを適切に処理し、手元の重要な作業を中断せずにそれらの情報を評価し優先順位をつけるのも、整理された頭脳のもうひとつの基本的だが重要な特徴である。

3、ブレーキをかける

運転中、赤信号や急な飛び出しに反応してブレーキを踏むと車体が止まるように、頭が整理されていると、行動や思考を確実に抑制したり止めたりできる。

これが苦手な人は、不適切な反応や行動を抑えるのに苦労する。時には、何かしている最中に自分を止めるのが非常に難しい場合もある。例をあげよう。

あなたは何かの作業――たとえば税務申告書の作成――に熱中している。

集中力を維持して控除額を項目別に記入し、注意深く申告書に目を通す。同時に、注意をそぐ刺激にも絶え間なくさらされている。妻がテレビのリモコンはどこかと聞いてくる。子どもが宿題を教えてとせがむ。同僚がメールで質問してくる。電話が鳴る。会計士からで、申告書を確認するため打ち合わせをしたいという。あなたは本当のところ、申告書作成を自力でさっさと終わらせてしまいたい。この作業を今夜片付け、明日はお気に入りのテレビ番組を見たいからだ。

理性的な脳が「いったん手を止めて、打ち合わせを入れろ！」と指示する。あなたにしてみれば、今終わらせる方が簡単だし都合もいいだろう。だが脳内では２つの選択肢が比較される。

あなたは去年、税務申告書に誤りがあったせいで1000ドルの追徴課税を受ける羽目になった(加えて、再申告のため会計士に500ドル支払った)。そこで脳は、ブレーキをかけることを決めた。これは「抑制機能」と呼ばれるものだ。**いわば、早まるあなたの両肩を抑えてくれる思いやりある手のようなもので、効率的な脳が軌道をそれないように見守り、「思考を整理する法則」の4つ目のルールに向けた準備をしてくれる。**

手をあげて車を止める交通警察、浅はかな行動からあなたを優しく遠ざけてくれるカウンセラーなど、この機能をどんなイメージで捉えようと構わない。いずれにせよ、次のステップに進むには脳のメッセージを聞きいれ停止する必要がある。

4、情報を再現する

脳には、関心を抱いた情報を蓄え——その情報が完全に視界から消えた後でも——分析・処理して今後の行動の指針として活用する、驚くべき能力がある。この種の脳の働きには、表象的思考が関与している。

効率的でデキる人は、情報やアイデアを蓄えて操作する能力がある。SF映画でコンピュータ画像がホログラムとして宙に映し出されるように、脳は取り込んだ情報を、まるで3次元の物体であるかのようにゆっくり回転させ様々な角度から緻密《ちみつ》に検討する。表象的思考は、直観的、反射的な思考（場合によってはそれも重要だが）ではなく熟慮型の思考だと言える。**表象的思考を通じて、脳は情報を取り込み、一歩離れたところからそれを検討し、新たな視点や多面的な角度で物事を捉えることが多い。**

ひとくちに情報を再現するといっても、視覚情報、言語情報、空間情報など、人によって得意な分野が異なることもある。おそらくマーサ・スチュワートは、クリスマスパーティ用に部屋を飾りつけるといった問題を、アルバート・アインシュタインよりはるかに上手に解決できるだろう。扱う情報が理論物理学に関するものなら、その逆のことが起きる。

だがどちらの例も、同じ原則の存在を教えてくれる。刺激が消えた後で情報を検討し、それを再現する能力——具体的な方法や文脈がどうであろうと、このスキルを理解して身につけ、伸ばしていく必要がある。

5、スイッチを切り替える

体が柔らかい人は両足のつま先に手が届く。運動生理学でいう「可動域」の広さが発揮されるのだ。アメリカンフットボールでは、クオーターバックがボールが置かれた位置に近づき、相手チームの守備体型を観察する。そして自チームに対する防御側の位置を観察して、最後の瞬間に作戦を変更する。プレー開始直前に、この作戦変更を伝えるためクォーターバックは「オーディブル」と呼ばれる暗号を叫ぶ。クォーターバックには、体の柔らかさと同じくらい頭の柔らかさも大切なのだ。

頭が整理されていれば、防衛体型の変化、新たなゲーム、緊急ニュース、絶好のチャンス、土壇場での計画変更などにいつでも対応できる。集中力だけでなく、競合する様々な刺激を処理して相対的な重要性を判断し、柔軟に素早く、ある作業（あるいは思考）から別の作業（思考）に意識を切り替える準備を整えることが求められる。

言い換えると、意識の可動域を広げ、各々が活躍するフィールドでぎりぎりのタイミングで「オーディブル」を叫べる能力が必要になる。人生とはそんなものだからだ。

こうした脳の柔軟性と適応性――スイッチを切り替える能力――を説明するため、再びＡＤＨＤ患者に特有の問題に注目しよう。**ＡＤＨＤの人は注意力に欠陥があると思われがちだが、全く注意を払えないわけではなく、注意力を制御できない、と説明する方が正しいだろう。**頭のスイッチがいったん「オン」か「オフ」になると、それを切り替えるのがむずかしいのだ。彼らは集中できないこともあるが、逆にもっと重要な刺激が目の前にあるのに、他の作業に集中するのをやめられないこともある。

6、スキルを総動員する

効率的でデキる人間は、今まで説明した全ての能力――感情を抑え、一貫して集中力を持続し、理性的に制御し、頭の中の情報を再現して新たな刺激に柔軟に適応する能力――を総動員する。彼らは、脳の各部位が連携して作業を実行したり問題を解決できるように、こうした資質を統合し、その能力を活用して目前の状況や問題に影響を及ぼす。

集中できず段取りが悪い人は、こうしたことを一切していない可能性がある。

誰しも知り合いの中に、生活を管理する能力がなさそうな人がいるだろう。時には、自分もその１人ではないかと感じることもある。そんなときは、何ひとつ片付けられないように思える。時間との戦いに負け、事態を変えられず、ただ様々なことが身に降りかかるままになってしまう。大切な用事をやり遂げる時間など確保できそうにない。

そんなときはどうすればいいか。全てのスキルを活用するのだ。考え、感じ、行動し、生きる。脳内の様々な部位の力を借りて感情を抑え、論理的な道筋に従えば、大局的な視点で物事を捉える準備ができる。脳が、他の全ての機能を調節してくれる。

その結果、認知機能の調和がとれ、効率性と生産性が高まり生活のあらゆる側面をもっと楽しむことができる。

ジルを変えた2つのルール

最後にもう一度だけ、鍵をなくしたジルの話に戻ろう。彼女の発射台を提案した際、実は私は「思考を整理する法則」のうち2つのルールの実践を促していた。

まずジルは、鍵が原因で職場で散々な1日を過ごし、すっかり取り乱していた。彼女を落ちつかせ、感情を抑える手助けが必要だった（ルール1）。動揺していると、整理整頓の方法を理性的に考えることなどできない。彼女の場合、私が発射台を提案したことで、目の前の問題に反応するだけでなく、新たな思考プロセスが芽生えた。

次に、発射台にする箱を探し、その置き場所を作るため自宅と職場を片付けたことで、彼女は手元の作業への集中力を保ちやすくなった（ルール2）。

①鍵を決まった場所に置く

②注意をそぐ要因を取り去ることで、後でその鍵を見つけられるようになる

この小さな成功が、彼女に自信を与えた。

きっと今の彼女は、毎朝前向きな気持ちで1日のスタートを切り、時間通りに家を出て準備万端で職場に着いているだろう。一瞬の不注意が原因で、職場に着いた時点でやる気を失い、苛立ち、自分を責めていた頃とは大違いだ。

次章以降では「思考を整理する法則」をひとつずつ詳しく解説し、注意力を持続し、気を散らさず仕事を続け、ともすると混乱に陥りがちな生活に秩序と効率を生みだすツールや解決策をお教えしたい。

あなただけの発射台や生活に役立つその他のヒントを、私たち2人が紹介していく。

第2章

変化を起こせるのは自分しかいない

——メグ・コーチ

変化を起こす手伝い

共著者のハマーネス氏は、読者の皆さんが健康と人生をめぐりベストな選択と決定ができるよう、医師として知識や知恵を教えてくれている。

けれどももちろん、知識や洞察は出発点に過ぎない。やるべきことを理解しているのと、それを実行する方法が分かっているかどうかは全く別の問題である。

何か実行するには、まず自分が変わり、古い習慣を捨てて新たな習慣を身につけねばならない。そこで私の出番である。

プロのコーチとして、私の仕事は変化を起こすことだ。私が手がけるコーチングは、アメフトやバスケットボールの監督の仕事に通じる部分がある。

優れた監督と同じように、私たちコーチは、相手が最高の結果を出せるよう手助けする方法を知っている。けれどコーチングの目標は試合に勝つことではなく、指導する相手も若者やスポーツ選手とは限らない。

現在、コーチングが一番定着している場所は大企業の役員室である。米国では5000人以上のコーチが企業重役向けコーチングを手がけ、ＣＥＯなどの経営者が自身の業績や影響力、能力を高め、家族や健康を犠牲にせずプレッシャーに対処できるようサポートしている。

もちろん、こうしたコーチが支援する相手は経営者だけに限らない。**むしろ私が担当したクライアントの多くは、各自の分野でトップを目指す人や、生活の様々な場面を巧みに乗り切りたい人たちだ。**コーチは、彼らが人生の変化の舵をとり、長年の目標や夢を実現できるよう手を貸す。ウェルネスコーチは、クライアントが長期的に心身の健康を改善できるよう協力する。目的がフォーチュン５００社企業の役員の生活のバランス改善であれ、デスクワークが多い人の健康管理であれ、コーチが使用するツールやプロセスはおおむね似ている。

簡単に言うと、変化に向けて相手が頭を整理できるよう手伝うのだ。私は皆さんが頭の中をすっきりさせ、取り組む対象を選び、計画を立て、変化の旅に乗り出し目的地にたどりつけるよう協力する。そのためには脳の仕組みを理解する必要があるため、優れたコーチは心理学や脳科学に造詣《ぞうけい》が深い。

特に私たちは、変化の心理学に関心を抱いている。研究の結果、変化という作業には脳の前頭前皮質――ハーバード大学の精神科医で幾多の著書もあるジョン・レイティが「脳のＣＥＯ」と呼ぶ部位――の活性化と組織化が関与することが分かっている。コーチングでは、脳内の辺縁系という感情を司る部位にも働きかける。

コーチは、クライアントが肯定的な感情を高め否定的な感情を減らす（または抑制する）よう手助けする。そうすることで、彼らが成功する可能性が高まる。ポジティブ心理学の研究によると、ポジティブさ、あるいは肯定的な感情の高まりは人間の思考の地平を広げ、回復力や変化する力を強化するという。

コーチとしての私の専門分野は、変化のプロセスを促すことだ。本書では皆さんとこれに取り組んでいきたい。

私の役目は読者の変化を手伝い、皆さんが人生を巧みに切り抜け、生活を整理し、今以上に魅力的で集中力の高い人間になれるようにすることだ。この旅に向け皆さんの準備を整え、旅路を導くことが仕事である。**皆さん自身がやる気を起こし（本当に効果があるのは自発的なやる気だけだ）、必要な資源を見つけて活用できるよう協力し、旅を終えるために必要な自信を植えつける。**途中に待ち受ける障害――変化の旅を頓挫させる様々な要素――に目を光らせ、上手く回避できるよう手を貸し、皆さんがつまずいたときは手をとって立ちあがらせる。

もちろん、道は示せても私が皆さんに代わって旅をすることはできない。変わるには時間と労力が求められる。**だが本書を手にとった時点で、皆さんはすでに旅の最初の1歩を踏みだし**

ている。

次章以降では、ハマーネス医師が生産的なデキる人間に共通する特徴として「思考を整理する法則」を解説してくれる。それを読めば「何をすべきか」――自分の生活をコントロールするために必要なもの――が分かる。すると次に「どうやって実行するか」という問題が浮上する。

前述のように、整理能力と集中力の向上は変化のプロセスである。ダイエットであれ禁煙であれ、行動を変えるには一定の姿勢が必要になる。その姿勢を身につけ、気分良く生活し、感情を抑えコントロール感を手に入れるために必要な変化へと踏みだすため、コーチとしての私の知識と経験に基づき、いくつかヒントをお教えしたい。

決めるのはあなた自身

著者２人の紹介、それに「思考を整理する法則」の実行に向けた計画づくりの話題は、もうこれで十分だろう。今度はあなた自身に焦点を当てよう。

前に指摘したように、人間は生来自分が主導権を握りたがり、他人に促された変化には抵抗する。この傾向は早い段階からあらわれる。

乳児でさえ、離乳食のニンジンを拒むことでささやかながら自我を主張しようとする。年をとるとこうした主導権への欲求が再び高まり、高齢の親が子どもの助言に頑として耳を貸さなかったりする。

生活を整理し、その過程で脳の使い方を少し変えてみるかどうか、決めるのはあなた自身である。ひょっとすると、あなたが高価なサングラスをまたなくしたり、ストーブに薬缶《やかん》をかけっぱなしにしないよう、ご主人がこの本をプレゼントしてくれたのかもしれない。それでもやはり、（自分なりに）変化しようと決めるのはあなた自身なのだ。他の人の忠告など忘れよう。自分の責任で自分が選ぶのだ。

皆さんに言葉で表現する手段や参照点、出発点を与えるため、ここまで集中力と整理力アップの鍵となる法則（「思考を整理する法則」）をいくつか紹介してきた。

最終的には、６つの法則全てを活用する能力が（程度の差はあれ）身につけば、生活をすっきりさせるのに大いに役立つだろう。だが、６つ全部を習得する必要はない。それを決めるのも、やはりあなた自身になる。

優先順位を明確にしよう

一度に全部は変えられない。

目下のところ他の用事で手一杯なら、おそらく何も変えられないだろう。

無限のデータや写真、メールを処理できるケーブルモデムと違い、データや刺激に対する人間の処理能力には限界がある。どこかの時点で自分を見直す必要があると分かっていても、最大の優先事項は困っている同僚を助けたり、病気の家族の看病をすることかもしれない。本書をいったん中断し、後日戻ってきても構わない。今はもっと大切な用事があるかもしれないのだから。

けれど仮に、自分を見直すことが今何より重要に思えたとする。

すぐに気が散り、毎日何ひとつ上手く進まないことにうんざりし、今日も1日かけてほとんど何もできなかったと思い悩んでいる。長年自分を苦しめてきたこの葛藤《かっとう》を、ついに乗り越えるべきときが来たと感じる。

そんな場合、あなたにはいくつか選択肢がある。ハマーネス医師が紹介した「思考を整理する法則」は、頭を整理するためにあなたが取り組む6つの分野を示している。

6つそれぞれに必要なスキル（または素質）が自分に備わっているか、考えてみよう。遺伝か、はたまた辛抱強くそのスキルを伸ばしてくれた素晴らしい親や教師に恵まれたおかげか分からないが、自分が得意な分野に関しては素直に喜び感謝しよう。比較的弱い分野を伸ばすため、自分の得意分野を活用できるのはありがたいことだ。

何をいつどう変化させるか、慎重に考えよう。成功は成功を呼ぶが、失敗すれば自信が奪われ後ろ向きになってしまう。

気になる分野はいくつもあるかもしれないが、ドミノ効果を生む分野を選ぶことが大切だ。短期間で大きな進歩を達成し、難易度の高い他の分野に取り組む際に自信を与えてくれそうな分野を選ぼう。

どんな分野が、堰《せき》を切るようなドミノ効果を引き起こすか。あなたの生活を改善し、新たな可能性を開くものはどれか。6つの法則のうち、自分にも実行できそうなものはどれか（いくつもの変化に取り組む場合、一番成功しそうな分野から着手して自信をつけるのがオススメだ）。魅力を感じるのはどの分野か。すぐ効果が得られそうな分野はどれか。

あなたにとっての各分野の重要度と、その分野に対する自信を10段階で評価してみよう。スコアが高い分野、できれば両項目で６点以上を獲得した分野から着手するといいだろう。

たとえば、今手がけているプロジェクトや読みかけの本など、何かひとつのことに集中できないとする。この場合、「集中力を持続させる」方法の習得に高いスコアがつくだろう。

あるいは妻から、あなたは何か始めると途中で中断できず、邪魔が入ると動揺すると注意されて、本書を手にした人もいるかもしれない。

作業中に余計なメールが着信すると、気が散って、中断してメールに返信するか今の作業を先に片付けるべきか分からず、腹を立てキーボードを乱暴に叩きつけてしまう人も、いるかもしれない。キーボードが壊れるくらいなら、間違いなくスコアは10点だろう。

やる気に火をつける――変化の旅の推進力

やる気は変化の旅の推進力だ。

やる気に燃えれば燃えるほど、想定外の挫折《ざせつ》や避けがたい後退、道中あなたを惑わせる疑念などを乗り越えやすくなる。やる気をかき立てる燃料を見つけよう。思うように集中できない、注意散漫になる、押し寄せる様々な刺激やメッセージに圧倒される等の理由で、何か生活の大切な側面に支障が出ていないだろうか。

頭を整理する最大のメリットは何か、少し時間をかけて考えよう。**他人に指摘された利点（メガネをなくさない等）ではなく、自分がやる気になるようなメリットだ。**

注意散漫と思考の混乱がもたらす弊害として、前章で紹介したデータを思い出してほしい。この弊害が原因で、ストレスが高じ健康を損なうおそれもある。仕事の効率が落ちるかもしれない。無駄なことばかりしているという思いに苛《さいな》まれたり、学校や仕事、人生自体で成功できないと感じたり、家庭生活に影響が及んでいる可能性もあるだろう。

やる気を引き出す一番良い方法は、変化を崇高《すうこう》な目的（心を揺さぶり、目に自然と涙が浮かぶような目的）と結びつけることだ。あなたが成功を収め、人生の目標や後世に残したい何かを達成し、世界をより良い場所にする上で、変化はどう役立つだろう。

やる気の原動力を、次のようなビジョン・ステートメントに発展させよう。

・動揺を抑えて子どもとの会話に集中できれば、親子関係が良くなるだろう。
・ストレスを生む周囲の「ノイズ」に注意をそがれなければ、もっと人生を楽しめるだろう。
・日々の雑事に振り回されなければ、独創的な発想が生まれ冷静な判断ができるだろう。

・他の事に気をとられ注意散漫にならなければ、生産性がアップし自分の成果に満足できるだろう。

脳内に新たな回路を作る初期段階だけでなく、身につけた習慣を定着させる段階に至っても、やる気はジェット燃料のように変化の旅の推進力になってくれる。やる気という名の燃料タンクが空なら、とうてい成功は望めないだろう。

変化すべき理由とすべきでない理由

あなたには、自分の行動を変えたいと願う切実な理由がひとつ（あるいは、いくつも）あるかもしれない。だが（少なくとも今すぐには）行動を変えるべきでないと考える理由の方が、説得力を持つ可能性もある。自分を変えようと一度決心しても、「やるべきかやらぬべきか」考え直すうちに、自信を失うこともあるだろう。

この問題を心理学では、意思決定バランスと呼ぶ。**そんな心理状態に陥ったら、変化すべき理由を紙の左側に、変化すべきでない理由を右側に書きだしてみよう。**口頭でこのエクササイズをやってくれる人が見つかれば、さらに良い。変化すべき理由の方が明らかに優勢なら、先に進む準備ができている。

別に、どちらが良いという問題ではない。**変化よりも現状を維持すべき理由が頭に浮かび、それが気になって仕方ないなら変化は諦めよう。**たとえ晴天でも、過去の亡霊にまとわりつかれたままでは旅に出られない。

誰だって時には、前進を阻《はば》む深刻な悩みや、未解決の問題、癒《い》えない傷を抱えているものだ。まずは傷を治すか、セラピストや専門プログラムの助けを借りて人生の悩みを新たな角度から見直すことが先決だろう。

「自分はできる」と思う

変化や問題解決など諦め、何もしない方がいい理由など、いつでも見つかるだろう。生活を見直すなんていかにも大変そうではないか。都合が悪い理由など山ほどある。だって今は忙しいから、アメフトのシーズンだから、息子が卒業するから、結婚を控えているから……。

確かに人生には自分を変えるのに絶好のタイミングもあるが、果たして今がその時期かと疑いだすと（正当な根拠がある場合も、都合のいい言い訳に過ぎない場合も）自信が失われてゆく。**「弱点を克服し変化を起こす自信があるか」と胸に問いかけ、10段階で評価してみよう。**6点以下なら、まず自分の悩みへの対処法を考えた方がいい。

自動車王ヘンリー・フォードの言葉にあるように、「本人ができると思えばできる、できないと思えばできない。本人の思うことが正しい」のだ。

自分はできると思おう。

目標を控えめに設定するだけで、「自分にできるか不安で仕方ない」状態から「絶対できる！」に考えが変わることもある。１日だけ、１度に１時間だけなど、取り組む期間を短くしてもよい。

今までにない挑戦をするのだから、まずは知識を身につけ新たなスキルを学ぶ必要があると気づくこともあるだろう。

第一段階では小さな目標を設定し、達成まで多少時間がかかっても気にしないようにしよう。長期的な変化を目指すこのレースでは、時間をかけて、新たな習慣の定着に必要な基盤をしっかり整えた人が必ず勝利を収めるのだ。

あなた専用の処方箋を見つけよう

誰でも試行錯誤を重ねるより、手っ取り早い解決策や近道を求めるものだが、世界にあなたと同じ人間は1人としていない。他人向けの処方箋ではゴールにたどりつけないだろう。

そのため本書は、個々人に合わせたアプローチを採用している。様々な選択肢の中から、自分に一番合ったものをあなた自身が選ぶのだ。

確かに私たちは、科学的根拠に裏付けられた原則を皆さんに紹介できる。役に立つ情報やテクニック、アプローチもお教えするが、それがどんな形でどの程度効果をあげるかや、テクニックを自分の日常生活にどう取り入れるかは、あなた次第である。

本書では脳科学の知識を活用する方法を、いくつか紹介する。

科学者になったつもりで、実験を行い結果を注意深く観察し、参考になる過去の経験を振り返り、その結果を踏まえて今の自分に一番合った習慣はどれか判断してほしい。

私も協力するので、心配はいらない。私からはヒントや指針、それに変化を促す枠組みをお教えするが、結局はあなた自身の実験であり、結果をもとに判断を下す上で最適な人間はあなたなのだ。

欠点よりも強みを考えることは難しい

自信を育むもうひとつの方法は、自分の強みや才能を数え上げることだ。あえて困難な挑戦をしている時は、自分の得意分野など頭から消えてしまう。

机の上はグチャグチャでも、キッチンの食料棚はきれいに整頓されているかもしれない。集中力がなく手際よく用事をこなせなくても、同僚のプロジェクトをまとめるのは得意かもしれない。周囲の目から見れば、あなたは粘《ねば》り強く決してあきらめず、固い決意で商談成立を目指し、必要な情報を探し出してゴールにたどりつく人間かもしれない。あるいは独創性にあふれ、物事を新たな角度から見るのが得意な人かもしれない。

大人になっても、自分の強みや得意分野を明確に把握している人は３分の１に過ぎない。たいてい、自分の欠点をあげつらう方がはるかに簡単なのだ。自分の長所を詳しく知りたければ、診断テスト「ストレングス・ファインダー」〈『さぁ、才能に目覚めよう新版ストレングス・ファインダー２．０』（日本経済新聞出版社）または「ＶＩＡ特性調査」（英語サイト

www.viacharacter.org)〉を受けてみよう。家族や同僚に、自分の強みは何だと思うか聞いてみてもよい。

強みがどんな分野であれ、少し探せば自分にだって確かに強み、才能、能力があると理解することが大切である。そしてその強みを活かして、さほど得意でない分野の問題を克服したり改善したりできる。

ポジティブな姿勢がレジリエンスを促す

ポジティブ心理学という新たな学問分野の第一人者にして、数々の著書を持つバーバラ・フレデリクソンによると、脳が最高の状態で機能するには、ネガティブな感情1に対しポジティブな感情が3以上なければならないという。**つまり成功するには、ポジティブな感情とネガティブな感情の比率が3：1でなければならない。**

単に楽しそうな振りをするだけではいけない。常にポジティブでいるのはむずかしい。時には、ポジティブな気持ちに全くなれない日もある。ネガティブな感情から学べることも多いが、あまりに多くの負の感情に思考や気力を妨げられれば、変化など起こせない。フレデリクソンは、ポジティブな感情はレジリエンス（回復力）を促す要素だと説く。

レジリエンスとは、子どもたちに生来備わった素晴らしい資質であり、逆境に前向きに対処することで生まれる変化に欠かせない力である。人間誰だって、時に挫折するのは仕方ない。むしろ障害にぶつからなければ、持続的な変化は遂げられない。全ての困難を貴重な教師（または友人）と捉え、ありがたく歓迎すれば、きっと自分に役立つだろう。

自分の感情を別の視点から眺め、ポジティブな感情を強めるコツを紹介する。

ひとつの方法は、過去と和解することだ。特定の出来事をめぐりネガティブな気分になると（過去に起きたことに対し、自分や他人を許せない等）、その感情が雨雲のようにつきまとい、本人の気質のプラス面や生活上の明るい部分にまで影を落とす。自分の過去の行動に対し恥ずかしい、気まずいと感じると、ネガティブな感情が前向きな行動にブレーキをかける。

もしあなたが、みっともない体験――いつものごとく鍵をなくした、注意散漫なせいで失業した――を契機に本書を手にとったなら、今すぐその出来事を忘れよう。過去は過去、終わったことはどうしようもない。

過去の体験から学んだ教訓を今後に活かし、新たな気持ちで前向きに未来を見つめよう。私は、過去の失敗をひきずるクライアントを励ますために、次のような発想を提案している。必要に応じて、胸の中でこの言葉を唱えて自分を許すようにしよう。

過去の失敗は許そう。私は完璧じゃない——完璧な人などいない。私は今、デキる人間を目指し頑張っている。むしろ過去の失敗は貴重なレッスンになった、今後はそこで得た教訓を活かしていこう。

失敗の話はもう沢山だ。フレデリクソンは、ポジティブな感情の代表例を示している。皆さんにも取り組めるものを、いくつか紹介しよう。

・変化という挑戦に対する、関心と好奇心を高める
・成功を収めた人から刺激をもらう
・全てに対し感謝の気持ちを抱く
・変化の旅の一瞬一瞬を味わう
・何かをやり遂げたときの誇らしい気持ちを、大切にする。小さな前進も喜ぶ
・早い段階で、得られた成果を称《たた》える。ネガティブな感情にとらわれるのは簡単だが、ポジティ

ブな感情に目を向けるのは誰しも不慣れである

・楽しむ。生活に前向きな変化を起こすのは、とても楽しいことでもある。遊び半分の挑戦ではなく、自分を変えたい真摯な理由があるとしても、だからといって変化の過程に喜びを見出せないわけではない

自分のサポートチームを結成する

環境に恵まれないと変化するのはむずかしい。乱雑な机、うるさいオフィスでは気が散って仕方ない。夫（妻）が四六時中ネガティブな言葉を浴びせる場合もあるだろう。

どうすればよいか？

・協力をとりつける。机やオフィスを片付ける。夫（妻）に、これから３カ月は批判をやめ肯定的なことだけ口にするよう頼む（３カ月後には、それが習慣化するかもしれない！）

・友人に、自分は変わりたいのだと伝え協力を依頼する（時々電話で確認してもらう、メールで

励ましてもらう)。同じような悩みを持つ人を見つけ、一緒に目標やビジョンを決めて、定期的に会って助け合うようにする

・やる気を高めるため、成果を一緒に祝う。一緒に喜ぶ相手は、夫(妻)でも親友でもよい。あなたの気が散らないよう、自宅の共有スペースを片付けてもらう等、子どもに協力を求める。沢山の人の応援があれば、変わるのがずっと簡単になる

変化のビジョンを描く

最終的な目標の明確なビジョンを描くのは、旅の始めでも道のり半ばでも大切なステップである。マサチューセッツ工科大学の脳科学者らによると、未来の自分を前向きに思い描ける人は、短期的でなく長い目で見て自分にプラスになる選択を行う傾向があるという。

あなたはどんな人間になりたいか、どんな人生を送りたいか、デキる人間になる一番のメリットは何だろう。こうした質問に答えてみよう。

まずは自分の今の位置を正確に把握することだ。**自己認識は変化に欠かせない前提条件なので、第一歩として、自宅と職場で上手くいっている点、上手くいっていない点を考えよう。**今

の自分の位置づけを率直に振り返ろう。現実を直視するのだ。ただし、自分を責めてはいけない。過去は最良の友と考え、そこから何を学べるかに目を向ける。

今の位置を知る手掛かりとしていくつか質問をあげるので、現在地と目的地という評価しにくいものを、数値化してみてほしい（P94「現在の自分の評価」）。

これで現在地と目的地（目標）、そこまでの距離がはっきりした。

第1章を読んで、皆さんもデキる人間に共通する要素（自分に足りないもの）や、変化を起こすには何が必要かが少しずつ分かってきただろう。

今度は、あなたの意欲を搔《か》き立て、希望と明るい見通しを抱かせてくれるビジョンを考えよう。私がコーチとして、このビジョン作成プロセスを手伝いたい。このプロセスは分かりやすく具体的で、場合によっては絶大な効果をもたらす。次にあげた質問（「ビジョン・グリッド」と名づける）に答えながら、ビジョンを作成していく（P94「ビジョングリッド」）。

次章以降では、ハマーネス医師が「思考を整理する6つの法則」をひとつずつ詳しく解説した後、その法則を自分のものにする具体的な方法を私からお伝えする。

今紹介したビジョン・グリッドに手を加えてもよいし、そのまま雛《ひな》型として活用し、自分の問題をどうやって克服するか、具体的なビジョンを描くこともできるだろう。

現在の自分の評価

現在の評価	自己評価のための質問	目標
	職場で過ごす時間のうち何割くらい、段取りが悪い、整理がつかず混乱していると感じますか？	
	自宅で過ごす時間のうち何割くらい、段取りが悪い、整理がつかず混乱していると感じますか？	
	職場での混乱ぶりを10段階で評価して下さい（極めて有能なら10）	
	自宅での混乱ぶりを10段階で評価して下さい	
	段取りが悪く、何をやっても滅茶苦茶になる原因を3つあげて下さい 1. 2. 3.	

ビジョングリッド

ビジョンの記述	**ビジョンとは、理想の自分を描いた説得力ある記述である。理想の自分は周りの目にどう映り、どう感じ、どう行動するだろう。** *例）今より状況をコントロールできている実感を持てる。物事を余裕をもってこなし、上手く対処できる。*
価値と動機	**そのビジョンのうち、どの要素を一番重視するか。なぜそのビジョンを実現することが重要なのか。そこからどんなメリットが得られるか。** *例）仕事、家庭、人生に全力で打ち込めない。* *例）時々、自分が上手く対応できないせいで、仕事や人間関係に問題が生じていると感じる。*
ギャップ	**現状とビジョンの間にどれくらいの開きがあるか。それを縮めるには、どれくらいの時間がかかるか。** *例）今は、自分の生活をコントロールできていると感じる時間が3～4割しかない。7～8割に増やしたい。*
強み	**ビジョンの実現にどんな強みを活かせるか。過去の成功から学んだ教訓を、ビジョン達成にどう応用できるか。** *例）自分には変わりたいという意志と、学ぶ意欲がある。学んで成長していくことが好きだ。*

課題	**ビジョン達成に取り組む途上で、どんな課題に出会うと予想されるか。一番心配なことは何か。** （注：以下では、生活を整理できない人によく見られる不安を紹介している） *例）物事を始めるのは得意だけれど、最後までやり通すことができない。*
戦略	**その課題を乗り越えるには、どんな戦略が効果的か。** （決めるのはあなた自身だ。一番成功する可能性が高い戦略はどれか。ここでは、最後までやり遂げるための３つの戦略を例としてあげる） *例）プロジェクトの締切は８週間後。いくつかの段階に分けて考え、１週間後、２週間後の目標を設定しよう。１カ月後の進捗を心配する代わりに、週毎に何をやり遂げればいいか考える。中間目標を設定すれば、集中力が切れたりペースが狂うことはない。* *例）最後までやり遂げられないのは、途中で熱意を失うから。どうやってやる気を充電するか。机に「私はデキる」と書いた付箋をはり、その横に家族の写真を飾って、この問題を克服することの重要性を意識する。* *例）プロジェクトには大体、面白い部分とつまらない部分がある。退屈すると途中で挫折するため、大きなプロジェクトを分割して、面白い部分に目を向ける。プロジェクトにやりがいある部分もあることを忘れないよう、書き留めておく。今日は単調な作業をこなすが、ご褒美として明日は面白い部分に取り掛かることにする。そうすれば、楽しくクリエイティブな面を常に意識し、余裕を持って仕事をこなせる。*
サポート	**ビジョンを実現し課題を克服するため、どんな人に協力を求め、どんな資源、制度、環境を利用できるか。** *例）職場の友人、テニス仲間、夫（妻）に仕事の相談をする。今後８週間に、プロジェクトの進み具合を何度か話し合う。相談することで全体像を意識でき、仕事の進捗状況を大きな視点で捉えられる。* *例）毎日元気一杯に、新鮮な気持ちでプロジェクトに携われるよう、今週はきちんと運動し十分な睡眠をとる。* *例）プロジェクトの全体像を描くクリエイティブな企画作りをするときは、背後に何か音が流れている場所に行く。喫茶店でクラシック音楽を聞くなど（意外にも、音があった方が余計な刺激を締めだして集中しやすい）。* *例）それから、この本を読み続ける！*

自信	**ギャップを縮め、ビジョンを実現する自信がどれくらいあるか。絶対に自信がある場合は10、自信がない場合は0として0～10で評価してみよう。** *例）自分にはビジョンがあり、それが大切な理由も分かっている。やる気にあふれている。戦略も立てた、協力者もいる。だから今の評価は10点中7点だ、さあ、頑張ろう！*
心の準備、やる気	**ビジョンに向け第一歩を踏みだす用意はできているか、やる気はあるか。** （この質問には、皆さんに代わり私がお答えしておく）あなたは、この本を買ってここまで読んだ。それだけで、取り組む準備ができている十分な証拠といえる。ご納得いただけたら、握手しよう。
最初の一歩	**最初の一歩として何をしたいか。** （変化の長い旅は得てして、一見何でもない小さな一歩から始まる。その一歩の内容は人によりけりで、具体的な行動の場合もあれば、象徴的な行動の場合もある） ここでもやはり、「状況をコントロールできるようになりたい」というビジョンを例にとる。 *例）山頂に立つ自分の写真を飾る（山頂に立った経験がなければ、エヴェレストに登頂したエドモンド・ヒラリーの写真、『ナショナル・ジオグラフィック』誌やネットで見つけた、気持ちを奮い立たせる山の写真でもいい。やる気を引き出すちょっとした「シンボル」の力を、侮ってはいけない）* *例）このプロジェクトで手始めに取り組むことを、5つ書き出す* *例）職場や自宅の作業空間を整理整頓する。完璧な模様がえは必要ない。微修正で構わない。何週間も机に積まれていたレポートの山をやっと移動させた、パソコンの画面を拭いた、椅子の位置を変えた（これで壁に貼った山の写真が視界に入る！）など。* *（物事を新たな視点で見つめ、行動や自信の原点、デキる人間への第一歩を踏み出す場所として作業空間を整理する作業なので、あまり実用的な変更を加える必要はない）*

第 3 章

思考を整理する6つの法則①
——動揺を抑える

感情と思考のバランスをコントロールする

中国には「感情を支配しなければ感情に支配される」という有名な格言がある。「思考を整理する6つの法則」——生活を整理し状況をコントロールするための第一歩——の第一のルールとして、まずは感情の管理に取り組んでみよう。

私たちには感じる能力があり、感情生活があるからこそ人間である。だが感情は時に、デキる人間への道を早い段階で阻むことがある。**自分の能力を最大限に発揮するには、感情と認知(感情と思考)を統合する必要がある。**

ここでは、感情抑制に関する驚くべき脳科学の知識について論じ、思考と感情のバランスが頭の中を整理する上で欠かせない前提条件であることを説明する。

人間が多様であるように感情も多様だが、不安、悲しみ、怒りの3つは「一次感情」と呼ばれ、色の世界の三原色と同じく侵しがたい基本的な感情である。だが画家がパレットの上で三原色を混ぜ、目を奪う新たな色を生みだすように、人間の感情も互いに混じり合うことで思いつく限りの多様な色彩をまとうことがある。

感情はその幅広さから、感情の質を示す感情価（快―不快）と、情動の強さを示す覚醒度（冷静―興奮）という2つの次元に分類される。

著名な心理学者で多くの著書があるリチャード・S・ラザルスのように、人間の感情をいくつかのカテゴリーに分類する研究者もいる。不快な感情（怒り、羨望、嫉妬）、共感的な感情（感謝、思いやり）、実存的な感情（不安、恐怖、罪悪感、恥）、好ましいもの（幸福、誇り、愛）や好ましくないもの（安堵、期待、悲しみ、抑うつ）を含め、生活環境が引き起こす感情などである。

どのように分類しようと、不安、パニック、緊張、ストレス、悲嘆、絶望、不満、苛立ち、憤怒など、感情は無数の名前を持ち様々な形であらわれる。感情は私たちが感じとり、口に出して表現できるもので、突然高まる不安、瞬間的に噴き出す不満といった形をとることもあれば、誰にも気づかれない密かな思いとして体験されることもある。

感情の三原色である悲しみ、怒り、不安の間には密接な結びつきがあり、三者が互いを焚《た》きつけてあなたがせっかく立てた計画を台無しにしたり、整理された思考を混乱させたりする。

先ほどのように絵にたとえるなら、これらの感情が秩序ある色彩を奪い、あなたの人生をジャクソン・ポロックの抽象画のように意味不明なものにすることもある。

混乱し日々の雑事に圧倒され、動揺から抜け出せない人はたいてい、この感情の三原色が胸の奥深くに根づいている。この三原色は誰にとっても（おそらくあまりにも）馴染み深いものだが、念のためそれぞれの定義を記しておきたい。

・不安（起こるかもしれないことへの懸念や心配）
・悲しみ（不幸な状態、悲嘆）
・怒り（苛立ち、敵意）

本書で扱う様々な状況で、この3つの感情がどんな形であらわれるだろう。たとえば皆さんは、自分の整理整頓のまずさが及ぼす影響を考えて不安になり（「大切な書類をなくした。来週の仕事は一体どうなってしまうだろう」）、自分を変えられそうにないことを悲しみ（「どうして物をなくしてばかりなんだ?」）、目の前に山積する課題に怒りを覚えるだろう（「自分が間抜けなせいで、何時間分もの仕事をやり直さなくちゃいけない」）。

私はこれまで、3つの感情――怒り、悲しみ、不安――全てを経験し、生活を立て直すために基本的な感情と戦わざるを得なかった患者たちに出会ってきた。

その１人を紹介しよう。

ケーススタディ① アイリーンの不安

30代半ばのその女性は、15分遅れで私のオフィスにやって来た。明らかに取り乱した様子だった。泣いた後のように両目が赤く、やつれた顔をしている。睡眠不足が続いているようだ。かかりつけ医が彼女を私に紹介したのも、無理もないと思われた。

椅子に腰をおろし辺りをジロジロ見回す彼女に、私は言葉をかけた。「それで、このオフィスに何か問題でもありますか」

「いいえ」と彼女は目を落ちつきなく動かしながら、答えた。「遅れてすみません。途中で曲がる場所を間違えて、見当はずれな方向に行ってしまって」と悲しそうに笑う。「最近は万事がこんな調子です」

少し待ったが彼女はそれ以上話さない。私は優しく先を促した。

「詳しく聞かせてもらえませんか。どうしてそんなことに？」

彼女は深いため息をつき、不幸続きの毎日を語り始めた。

アイリーン（仮名）は1年前に離婚したばかりで、12歳の息子がいた——子どもとティーンエイジャーの間の世代ということで、最近ではこの年頃の子どもたちは「トゥイーンズ」と呼ばれている。

彼女によると、息子は大変な毎日を送っていた。中学生になると勉強量も増え、それに比例してリュックも重くなる。バンド活動に野球、学校のテスト、宿題、友達と遊びたいしゲームもしたい。学校、音楽、勉強、スポーツと私にはしごく一般的な中学生の生活に思えたが、ほぼ毎晩スケジュールがパンク寸前の状態だという。

「この間も野球の試合に遅刻したんです。私も職場でレポート作成に時間がかかり、帰宅時間が何分か遅れてしまって。でも息子をテレビゲームから引き離せなかった。もう何度も同じことをしているので、監督にその日は試合に出さないと言われました。ずっとベンチにいるしかありませんでした」

口を挟もうとしたが、彼女はもう次の悲劇を語り始めていた。その後は延々と訴えが続いた。職場の悩みがある（彼女は理学療法士だった）、他の家族や元夫の両親とも上手くいっていない……。愚痴というより、とにかく疲れ果てて途方に暮れているようだった。

さらに、彼女が問題にどう対処したかも少し教えてくれた。息子の担任と相談し、息子が苦手で自分も教えられない数学に関しては、家庭教師をつけたそうだ。

聞く限り、おおむね親子で問題をきちんと解決できているように思えたが、彼女はそれでも毎日がピンチの連続と感じているようだ。

「息子さんは何と言っていますか」と私はたずねた。

彼女は再び目をクルリと回した。「〝ママ、イライラするのやめれば！〟って。あの子は簡単に言うけど」

私も彼の意見が正しいと思った。確かに混乱ぶりは感じられたが、不安や懸念の色も強い。彼女の息子がそれを指摘したことを嬉しく思った私は、彼の発言に飛びついた。

「息子さんはなぜそう言ったんでしょう」

彼女は少し考え込んだ。「試合に遅刻することに、私が過剰反応していたのかも。ゲームのせいでチームから外されるから、１カ月間ゲームは禁止ねと息子に言ったんです。でも監督にも電話して、息子をスタメンから外すのは理不尽だと訴えました。とても上手なのに、たまに２〜３分遅刻するくらいで。誰だってあるでしょ、道が混むだけでも……」

そこで彼女は少し身構え、椅子の上で姿勢を正してこう言い募った。「言わせてもらえば、私も山ほどストレスを抱えてるんです。今の時代、それが普通でしょう？」

「問題は何が普通かではなく、あなたにとって何が一番望ましいかです。生活が崩壊寸前という話でしたが、それに劣らずあなたのストレスも大きいようですね」

彼女は首を縦に振った（ここが重要！　彼女が自分の感情を認めたことが分かり、私も嬉しくなった）。

私は続けた。「あなたは頭の中が混乱し、強いストレスと不安を感じている。個々の場面を振り返って、自分にこう問いかけて下さい。混乱と不安、どちらを先に感じたかと」

彼女はいぶかしげに眉を上げ、私の言葉の意味を考えた。私はさらに言い添えた。

「2つの感情が互いを煽るのです。一方が他方を引き起こしたり、他方を悪化させることもあるでしょう。たとえば、あなたが帰宅してもゲームを止めない息子さんを前に、あなたがそんなにうろたえなければ、息子さんと監督にもっと上手く接することができたでしょう」

彼女はうなずいた。「そうかもしれません」

「これからは、ストレスと混乱のバランス状態を記録するようにして下さい。**毎日、自分のストレスレベルを評価します。いつ、どれくらいの頻度でストレスを感じるか、その時何を考え感じているかを考え、パターンを探します。**最初に、ストレスと不安をコントロールする必要があるでしょう。それが、生活リズムの立て直しに取り組む出発点になると思います」

これは小さなスタートに過ぎない。

どんな患者でもこの作業は労力を伴い、それ以外の問題もある。1度の面談で彼女の悩み全てが解決したと言うつもりはない。だがこれは、彼女が混乱や困惑、生活が「滅茶苦茶」になっているという意識に立ち向かう上で重要な1歩になった。

様々な場面でのアイリーンの対応は、問題の一端に過ぎない。**何もかも上手くいかないから「ストレスを感じる」のではなく、最初にストレスがあり、それが原因で生活上の混乱が大きくなっていたのだ。**

そんな状況に甘んじる必要はない。最初の1歩は感情のコントロールであり、嬉しい事に彼女はこの点で目覚ましい進歩を見せている。

感じる脳、考える脳

アイリーンのように、時には100%感情に支配されているように思えることもある。

だがそうではない。脳は一生のうちに進化を遂げ、動揺を抑える能力を本来的に備えている。

脳を使えば、感情で人生を台無しにする代わりに、むしろ人生を豊かにすることができる。脳は、原始的な反射機能を持つ未発達の器官から、思考と感情を管理する能力を持つ驚くほど複雑な組織へと発達してきた。

だが原始的な人間の脳は、大量のツイートやメールを処理するよう設計されてはいない。脳の最大の仕事は、私たちを警戒させ生き延びさせることだ。**この原始的な脳を土台として、数百万年のうちに感情を司る脳、理性や知性を司る——だが同時に感じ、愛し、想像し、夢見ることもできる——脳など複雑な機能が積み重ねられてきた。**

それどころか、脳は現在も進化し続けている。将来的には、現代社会に氾濫《はんらん》する刺激に適応し、それを巧みに処理する新たな方法を見つけるかもしれない（つまり頭を整理するために本書を読まずとも、あと千年待てば脳が過剰な刺激に対応できる仕様に進化し、現代人が言葉や文字を処理するのと同じくらい簡単に、膨大なデジタル情報を処理できるようになるかもしれない）。

たとえるなら脳は、全員が協力するが一人ひとり得意分野は異なる、専門家から成る委員会のようなものだ。一般的な委員会と同様に、委員長がいて上下関係が存在し、委員それぞれが違う職務を担う。脳内委員会の最下層に位置するのは、脳幹などの原始的な部位（後脳という屈辱的な別名もある）だ。この部位は、呼吸や心拍など生命維持に不可欠な機能を司る。内なる原始人に出会いたければ、ここが彼の住処《すみか》だ。

脳幹は動物的な本能を担い、周囲に対する単純な「逃走・闘争反応」を引き起こす。心拍数があがると足への血流が増え、出来る限りのスピードで逃げるエネルギーが供給される（だから仕事に押しつぶされそうになると、本能的に「ここから逃げなくては」と思うのかもしれない）。

この原始的な部位を基盤として、より高度な部位が発達した。脳幹の上には、感情処理や情報処理の中枢となる複雑な部位が存在する。視床下部、視床、海馬、帯状皮質、基底核がこの部位に含まれる。

米国の神経解剖学者ジェームス・パペッツは１９３０年代に、情動は脳内の様々な部位をつなぐ神経回路を通じて発現するという説を提唱した。のちに辺縁系として知られるパペッツの情動回路は、感情の発現とそれを受けた情報伝達・行動の経路（すなわち情動処理、情動記憶、複雑なホルモン反応や運動反応）を理論的に説明する、「感情の仕組み」を描いたものだ。

この情動回路に欠かせない部位が、扁桃体である。扁桃体は恐怖や報酬にかかわる体験を記憶し、こうした体験に対する反応を引き起こす。有史以前の人類と違い、私たちはもう、洞窟《どうくつ》の外の茂みにサーベルタイガーが潜んでいないか判断するため扁桃体に頼る必要はない。だがそれでも脳は、現代社会のより高度で繊細な脅威（あるいは好機）に油断なく気を配り私たちを助けてくれる。

たとえば、扁桃体に関する米国有数の研究機関であるダートマス大学ウォーレン研究所は、表情が扁桃体の強い活性化を引き起こす――扁桃体への血流量や脳の栄養源であるブドウ糖消費量から、この部位が活発に働いていると確認される――ことを発見した。この結果から、顔をしかめる、嘲笑《あざわら》う、微笑む、眉をひそめるといった行動が「条件刺激」になっていると理論づけられた。私たちは過去の経験に基づき、その種の表情から一定の結果を予想しているというのだ（脳が、賞与を手渡してくれた人の笑顔や、目を合わせずリストラを宣言した上司の神経質な顔を記憶している）。

感情が頭の回転を悪くする

感情を司る脳内の部位や回路は、確かに大都市の電力網のように整備されているかもしれないが、感情がときに厄介なことは誰しも知っている。

現代の脳科学もこの直観を裏付けており、感情を司る部位がときに、至って簡単な認知作業さえ邪魔することが分かっている。

たとえば２０１０年にカナダのオンタリオ州のウォータールー大学で行われた研究によると、算数の問題をやっている最中に不安を感じると、５まで数えるといった簡単な課題さえ難しくなることがあるという。この実験は、感情が基本的な脳のプロセスを邪魔する可能性を示すものだ。

ここから明らかに類推できることがある。感情を司る部位のスイッチが入ると、脳内のより複雑な部位の基本的機能（注意や集中など）が妨げられる場合があるのだ。**つまり不安や悲しみ、怒りなど感情的な反応をしているとき、私たちはきちんとものを考えられていない。**様々な研究から、感情が原因で思慮深さが奪われ、目の前の作業から注意がそれることが一貫して示されている。

そのため、混乱に満ちた生活を立て直す基盤を築く際、一番邪魔になるのは、激しく変動して注意力をそぎ、ひいては私たちを再び混沌のさなかに突き落とす感情であるというのも、当然の話なのだ。

だが感情のせいで注意が乱されても、脳にはより高次な実行機能を司る部位がある。先ほどの委員会のたとえを出すなら、実行機能は委員長に相当する。工場長の部屋で工員に対する指示が策定されるように、実行機能は、脳という組織の本社オフィス――表面からは見えない皮質下と呼ばれる部位に指示を出す大脳皮質（脳表面の深いひだや溝に覆われた部位）の司令塔――と考えることもできる。

前頭前皮質はこの重要な皮質の一部であり、本書でもこの後たびたび触れることになる。後で触れるように、皮質は感情、さらには感情抑制にもかかわっている。

なぜそんなことが分かるのか。古くはアリストテレスをはじめ、多くの学者が脳の構造と働きに関する理論を提唱してきたが、今では脳が働く様子を実際に観察できるため、ある程度自信を持って各部位の構造や相互作用を説明することができる。脳画像技術の進歩により、脳内の様々な部位の形や大きさだけでなく、各部位が実際に機能している最中の様子も画像で捉えられるようになった。

中でも興味深い機能的脳画像検査のひとつは特殊な化学物質（放射性核種）を用いたもので、この物質が血流に乗って脳内の活性化した部位に到達して蛍光するため画像で捉えることができる。この化学物質により、写真を見る、算数の問題を解く、怖い顔を見るなど一定の課題をしている最中の脳の活動が描きだされる。

機能的脳画像スキャンにより、脳の活動を驚くほど詳細に捉えられる。この脳スキャン画像から、情動と認知の性格や両者の繊細で動的なバランスを知る手掛かりが得られる。それは、活動中の人間の脳をリアルタイムで捉えた画像なのだ。

では扁桃体の話に戻り、アイリーンの行動から、「頭の中が整理されていない人」の脳内で何が起きているか——同時に、どうすれば脳を利用して秩序を取り戻せるか——明らかにしていこう。

扁桃体は脳内で恐怖にかかわる処理を司る部位のひとつである。不安や恐怖を促す刺激があるとこの部位が光るため、機能的脳スキャンで扁桃体を特定することができる（不安を引き起こすため、被験者にヘビや蜘蛛《くも》を見せた研究もある）。

こうした研究の結果から、もうひとつ重要なことが判明している。扁桃体が活動しているとき、思考を司る皮質は沈黙しているように見えるのだ。つまり、まるで脳の情動中枢が理性を司る部位を黙らせているかのように、感情的に興奮すると認知による統制が弱まる。**まさに文字通り頭に血がのぼると、理性が乗っ取られてしまう。**

脳と意図的なコントロール

恐怖を抑え、感情を管理し、激情のさなかにも思考中枢を安定的に機能させようとすると、何が起こるのか。血がのぼった頭を冷やし、感情的な動揺を克服できるのだろうか。

機能的脳画像検査（通称ＭＲＩ）の結果、被験者が何らかの思考パターンを使って負の感情を和らげようとすると、前頭前皮質などの思考を司る皮質部分の活性が高まることが分かっている。コロラド大学で実施されたこの検査によると、教室での冷静な声かけにより興奮した子どもがおとなしくなるように、前頭前皮質は、興奮し不安に捉われた扁桃体の暴走を抑制できるという。**つまり意識して理性的に考えることで、前頭前皮質を活性化させる努力をすれば、前頭前皮質が扁桃体に冷静になるよう言い聞かせてくれる。**

感情という獣の首に縄をかけ、暴れないよう抑えるため、脳はどんな思考パターンを使っているのだろう。広く知られている方法は、認知的再評価（発想の転換）である。状況を新たな視点から捉えなおし、その状況に新たな意味を与えることで、生じる影響が変化する。

新たな視点を考えている最中は、扁桃体の活動低下と前頭前皮質の活動増大を観察できる。

つまり脳には、自分の感情（特に負の感情や非生産的な感情）を抑制する手段があるのだ。自分がその気になれば、理性の声に耳を傾けさせることができる。

アイリーンの発想の転換

アイリーンがどうしたか、見てみよう。**自分のストレスのパターンが分かってくると、彼女は、感情を揺さぶる状況のうち予想できるものについて新たな視点で評価し、対処法を理性的に考え始めた。**

たとえば、息子がいつまでもダラダラとゲームするのは、別に自分を苛立たせるためではない。そうではなく、息子本人が、自分の野球選手としての才能やチームでの位置づけに不安で、ゲームが逃避や慰《なぐさ》めになっているのかもしれない。

さらに息子から挑発を受けても、この子も勉強が大変でストレスがたまっているのかもしれないと思うようになった。「息子は、私を困らせるためこんな風に振舞うんだと思っていました。子どもだってストレスはたまるし、疲れることもあると分かってあげればよかった」と彼女はあるセッションで打ち明けた。

皆さんが具体的にどうすればよいか本章後半で詳しく説明するが、注意散漫で疲れ果て混乱した人につきものの感情の三原色——不安、悲しみ、怒り——を思い出してほしい。

ここまではアイリーンを例にとり、発想を転換して不安を抑える方法を説明してきた。今度は、もうひとつの負の感情が生活の混乱にどんな影響を与え、脳科学的な知識を用いてこれにどう対処するかを検討していく。

ケーススタディ② ジェニファーの悲しみ

20代半ばといえば、人生が希望と発見にあふれ輝いている時期だ。だが私のオフィスを訪れたその女性は、ひどく悲しげで意気消沈した様子だった。

ジェニファーは、ボストン地区の法律事務所で弁護士のアシスタントとして働いていた。仕事での失敗が増え、混乱と意欲低下に見舞われたため受診したという。最初のセッションで、彼女はその日の出来事への強い不安を訴えた。

「昨日はやるべきことを全部終えられませんでした。今日、上司と打ち合わせがあり、資料を出すよう指示されたけれど用意していなくて。打ち合わせを延期するしかありませんでした。

全体の進行が1週間遅れたんです。全部私がバカだったせいです」そう訴えると、彼女は目をうるませティッシュを1枚取り出した。「どうして私なんて雇ってもらえたんでしょう。パートナーはみんな頭が良くて……私にこんな仕事を任せてくれるのが不思議です」

話を続ける中で、ジェニファーが自分を責める原因は1回の打ち合わせだけでないことが分かった。打ち合わせの準備ができなかったのは、彼女がその前日、必要な資料を読まず、自分の無能さをクヨクヨ悩んで時間を無駄にしたからだった。

「自分を責め過ぎだと思いますよ」と私は言葉をかけた。

「分かってます。ポジティブに考えようとしているんです。今朝も、打ち合わせでしくじりそうだと思ったから、プラス思考で上手くいくよう願おう、と自分に言い聞かせました」

それは随分控えめなプラス思考だ。「上手くいくよう願う」という言葉は、自信満々で良い結果を待ち望んでいるようには聞こえない。「打ち合わせが失敗に終わった後、どうしましたか」とたずねた。

「上司に謝りすぐ仕事に戻りました。さっさと資料を読む作業を始めた方がいいと思って。明日もそうします」

「明日は金曜日ですね。週末は何をする予定ですか。仕事を進めますか」

「母に言われた通りにします。母から、映画でも借りて1人でリラックスしたら、と言われました。1週間忙しかったので、部屋にこもってのんびりしようかと」

おやおや、何てことだろう。

ジェニファーはポジティブに考えようと努め、ある程度の立ち直りを見せている。仕事に戻って頑張る心の準備ができているのは、喜ばしいことだ。

だが、今回ばかりは母親の助言に従うわけにはいかない。理由を説明しよう。

とにかく思考することが大切

ウィスコンシン大学マディソン校医学・公衆衛生学部が近年行った研究によると、悲しい思いに取りつかれがちな人は、その感情から抜け出すのに苦労することがあるという。

この研究では被験者に、負の感情を引き起こす悲惨な画像（自動車事故の写真など）をあえて見せ、明るい展開を思い描くよう促した。その結果、前述した他の研究と同様に脳の思考を司る部位が活動しだすと、前頭前皮質の活性が高まることが分かった。

だが、抑うつ状態にあった一部の被験者については、ポジティブに考えようと本人が努力し

ても、扁桃体（恐怖や脅威を感知するセンサー）の働きが活発な状態が続いた。

対して抑うつ状態にない被験者は、ポジティブ思考を通じて扁桃体の働きを抑制でき、前向きに考えようと努力するほどその効果は大きくなった。

「（健常な）被験者は、情動中枢の活動低下を通じて一層大きな見返りを得ている」とこの論文の著者らは指摘する。逆に抑うつ状態を脱せない被験者は、ポジティブに考えようと努力するほど、扁桃体の働きが弱まるどころかむしろ活発化するように思われた。

ジェニファーもこれに該当する。アイリーンの場合は理性的な思考（脳の思考中枢のスイッチを入れる）が不安を抑えたが、ジェニファーの場合は正反対だった。**彼女の感情は今、ひとつのパターンに陥っており、考えれば考えるほどマイナス思考が生まれる。**その結果、負の感情にさらにとらわれてしまう。

これを裏づける研究がもう1件ある。オランダの研究者らは２００９年に、忙しく過ごすことが感情抑制にどう影響するかを検討した。ストレス（怒った顔や怪我人の写真）に対し前向きな結果を想像するだけでなく、被験者に心理学でいう「認知的負荷」——この場合は次第に難易度が高くなる算数の問題——を与えた。脳画像検査から、大脳皮質が算数の問題の処理に追われるほど、感情を司る部位が鎮静化することが分かった。

ここから得られる教訓は、とにかく思考することが大切ということだ。感情を揺さぶられる出来事の後で、静かな場所に引きこもって思いにふけるのは、最善の対処法ではないかもしれない。悲しみが深まり、ネガティブな思考が増え扁桃体が活発化する時間が長引くからだ。**むしろ脳の認知機能を積極的に活用し（ポジティブに考え、物事を別の視点から捉える。または単に何でも良いのでネガティブでないことを考える）、大脳皮質の活性化を通じて情動中枢の出番を奪うべきなのだ。**

積極的な活動がジェニファーを救った

私はジェニファーに、意識的に何かした方がいいと伝えた。何時間か残業する、読書する、難しいゲームで遊ぶなど。

脳画像検査から判明したように、脳の思考を司る部位が活動すると、感情を司る部位を鎮静化する効果が得られる。加えて、認知機能をテストする課題に懸命に取り組むほど、感情を抑制する効果も大きいことが分かっている。

そこで母親の助言通り週末１人で自宅にこもり、おそらくは（前述の研究の抑うつ状態にある被験者と同様）悲しみの淵《ふち》に一層深く引きずり込まれる代わりに、ジェニファーは頭を使う活動に積極的に参加する計画を立て、実行に移した。

その週末を無難にやり過ごした後、彼女はすぐ読書クラブに加入し、教会の募金活動のボランティアに参加した。こうした活動に取り組むと、悲しみに浸る時間はなくなった。仕事は相変わらず難しかったが、少しずつ成果が出始めた。

やがて彼女は、周囲にひけをとらない仕事ぶりを見せるようになり、ミスも減り、悲しみに心を乱されることも少なくなった。**彼女が今、ネガティブな感情に押しつぶされていない理由のひとつは、やるべき仕事が増えたおかげで感情が抑えられ、自分の状況を考え直す時間ができたからだ（前に紹介した「発想の転換」に当たる）。**

しばらくすると、ジェニファーも自分は結局それほど無能でもないと気づいた。集中して業務に取り組んだ結果、仕事の質を高く評価され昇給を認められたことで、その実感が一層強まった。

ジェニファーの場合、ストレスが原因で悲しみから抜け出せなくなった。だが人によっては、ストレスと過剰な負荷が全く別の反応を引き起こすこともある。

ケーススタディ③ ミッチの怒り

精神科を受診するというアイデアにミッチがあまり乗り気でないのは、私にも分かった。ミッチは50代後半。２人の子どもはもう大学を卒業し、ミッチは住宅ローン仲介業者として成功を収め、全てを手に入れていた。高校時代はフットボール選手だったという。栄光の日々は過ぎても、キャリアのピークを迎え自信に充ちあふれている様子が感じとれた。

だがサブプライム危機が発生し、株価は下落し景気は後退した。会社が倒産しミッチは失業した。彼は立ち直り、ボストン郊外の自宅でコンサルティング事業を始めた。苦労ばかりで事業も振るわなかった――当時は誰もがそうだった――が、食べる物や日々の支払いに困ることはなかった。では、一体なぜ私のもとを訪れたのだろう。

「私が怒るので、妻が心配しているんです」と彼は説明した。

「腹を立てるんですか?」と私。

「ええ、ムシャクシャすることがあります」

後で分かったが、これはかなり控えめな表現で、彼の怒りは傍目《はため》にも明らかだったと思われる。彼は大声で怒鳴り散らし、電話をガチャンと切り、自宅に構えた新オフィスの机をバンバン叩いていた。だが、それ以上に性質の悪い別の種類の怒りが表面化したのは、税務処理が必要になってからだった。

ミッチは今回初めて、個人事業主として確定申告の準備をしていた。経費節減のため、会計士に頼らず自力で処理しようとしていた。前の会社ではずっと、毎年自分で源泉徴収票を記入してきた。現在、彼の引き出しは馴染みない様式の申告書であふれている。一部は情報が足りず、失くした書類もある。以前は常に、業務に伴う大量の書類仕事をこなしてくれる有能な秘書がいてくれた。

今は自分でやるしかないが、実は彼はこの種の作業が不得手だった。大切な書類が見当たらず、申告書を書き損じ、修正するのに時間とお金を費やす破目になった。ミッチは頭にきていた。

だが何度かセッションを重ねてようやく分かったことだが、彼の怒りの核心はこれから語る部分にあった。ミッチは自宅のオフィスで確定申告書を記入しながら、前の会社が破産に至った顚末を思い返し激しく憤っていた。

こうした怒りの反芻《はんすう》は表面に表れこそしないが、大きな問題だった。

ミッチは過去を振り返り始めた。昔の上司が欲を出さねば、会社はまだ存続していて今自分が家にいることもなかっただろう。頼りになる秘書のマージに事務は任せ、自分はこんな書類仕事にかまけず、クライアントとの折衝など得意分野に思う存分打ち込めたはずだ。

上司だけではない。銀行の担当者、昔のクライアント、国税庁の奴ら、この国の2人の大統領のせいだ。考えれば考えるほど鬱憤をぶつける相手が増え、怒りに火を注ぐ記憶が次々に呼び覚まされた。

ミッチの脳内では一体何が起きていたのか、そして、それにどう対処すればよいのだろう。

脳は怒りを反芻している

怒りや苛立ちは誰もが経験する。私たちは得てして、表情にあらわれるあからさまな怒りに目を向けがちだが、この種の反応はたいてい長続きしない。私がオフィスで出会う怒りは多くの場合、不可能な仕事や理不尽な作業に直面したなど、苛立ちを招く困難な状況の中から生まれる。あるいはミッチのように、ミスが原因になることもある。職場や自宅で何ごとも上手くはかどらない人は、ミスを犯したり誤った判断を下しがちだ。そのため私たちは怒りを、感情の三原色のひとつとみなしている。

他の事に気をとられたせいで、大切な書類を失くした、重要な電話に折り返すのを忘れた、大失敗をしでかした……。腹が立って仕方がない。そんなときに脳内で何が起こっているのか。それ以上に重要な問題として、怒りに駆られた後で脳はどう振舞うのか。こうした怒りの反芻を、私たちは意識しているのだろうか。

このテーマをめぐり近年実施されたある研究で、怒りの挑発に対する健康な大学生の反応が分析された。最初にいくつか基本的な質問をして、その場で怒りをあらわにするのでなく、置き換えられた攻撃性（怒りが遅れて表れる）を示す傾向がある被験者を特定した。その後で実施した脳画像検査から、驚くべきことが判明した。

脳の活動パターンから、挑発があった時点で怒りが持続的に反芻されていることが分かったのだ。さらに、挑発を受けた直後の海馬（記憶を司る部位）の活性化と、その後の怒りの反芻の間に相関関係が見られた。被験者はその場では怒りに反応していなかったが、脳はミッチと同じく怒りの記憶を引きずっているように思われた。

この水面下の怒りをどうすれば抑えられるのか。ハーバード大学の心理学者クリスティン・フッカーが興味深い研究をしている。被験者がパートナーと口論した後の脳の活性を調べ、けんかの後数日間の脳の活動と本人が口論後に経験した感情の関連性を評価したのだ。

前頭前皮質（思考と理性を司る部位）の活動が活発な被験者は、けんかの後も感情面で立ち直りが早かったと報告した。これらの被験者は、実験室で行った別のテストでも優れた認知的制御を示した。

強みを活かすことにしたミッチ

ミッチの妻は、夫にセラピーを勧めたとき、間違いなく何か思うところがあったのだ。ミッチ自身が言うように、彼は「ムシャクシャする」ことがある。

だが本人の思いとは裏腹に、彼は怒りを上手くコントロールできていない。ミッチの海馬（脳の記憶中枢）には、腹立たしい場面や、怒りをぶつけたい職場の人々の鮮明な記憶があふれかえっている。中には、何年も前の記憶もある。前の会社を破産させた上司への怒りに駆られるあまり、ミッチは目の前の仕事に注意を向けていない。

その結果ミスを犯して腹を立て、その後何日もそのミスについてクヨクヨ思い悩んで、さらに怒りを募らせている。これでは完全な悪循環だ。

「面倒な書類仕事のせいで死にそうです」と彼は、ある日のセッションでこぼした。

「ええ、それもあり得る話です」と私は冗談めかして答えたが、半分は本気だった。**どう見てもミッチは、生活を整理するだけでなく健康のためにも、怒りをコントロールする必要があった。**

彼はうなずいた。「良くないのは分かっています。書類仕事が苦手なのは自分でも認めます。でも以前は、やってくれる人がいたんです」

「今の会社でもそうしたらどうでしょう。パートで手伝ってくれる人を探すんです。帳簿係とか、税金や書類仕事をやってくれる人を」私は提案した。

そうすれば自分の強みを活かせる。クライアントに電話をかけ、取引をまとめ、アイデアを出せる（そしてもちろん、アイデアを生みだすのは認知的作業だ）。私は、ミッチの前頭前皮質が活発に働き、情動中枢をなだめて怒りの記憶から一定の距離を置かせる様子を思い描いた。

彼はその通りにした。彼は本腰を入れて仕事に――少なくとも自分が得意な仕事に――取り掛かった。苦手な作業は手放し、それ以外に集中することで、気持ちを切り替え忙しく過ごし、成果をあげられるようになった。**過去の怒りにこだわるのは不健全だと感じだすと、怒りの記憶を断ちきることができた。**

不思議なもので、怒りを抑えられればミッチはおそらく、書類仕事を全部自分でこなせるようになるだろう。現在のように冷静で集中できる状態になれば、ミスも犯しにくくなるはずだ。誰だって動揺する。

不安、悲しみ、怒りを感じない人はいない。これらは人間が持つ様々な感情のひとつなのだ。だが幸い、感情に注意深く目を光らせ手なずけることができる。

研究により、脳内の動揺を促す仕組みと抑制する仕組みが明らかになり、負の感情を抑えようと意識的に努力するほど、大きな効果が得られることも分かっている。こうした努力は試してみる価値がある。動揺を抑えられれば、集中力を高め、頭の中を整理するチャンスが生まれるからだ。

具体的な方法を見ていこう。

メグ・コーチのアドバイス　興奮を抑える

動揺とは、程度の差はあれ感情を制御できず、興奮して神経が高ぶっている状態を指す。動揺という状態の根底にある3つの基本的な感情（不安、悲しみ、怒り）について、ここまでハマーネス医師が分かりやすく説明してくれた。

動揺と正反対な状態でいられれば、たとえ気力や体力を消耗する活動のさなかでも冷静で穏やかな心持ちでいられる。皆さんには、そこを目指してもらいたい。

残念ながら、多くの人にとって動揺は珍しい状態ではない。もはや動揺が当たり前になり、昼間起きている間はずっと様々なストレスがついて回る。夢の中で動揺を感じることさえある。「せっかち病」という病名までついていて、現代人は絶えず急ぎ慌てふためき、健康な穏やかさなど滅多に味わえない。

この病の原因は2つある。周りの世界に氾濫する外的な興奮状態と、私たち自身が作りだす内的な興奮状態である。内面的な興奮の中には、自分で意識的に把握できるものもあれば、どこからともなく表れる無意識的なものもある。

外的な興奮状態は至るところに存在する。オフィスを一歩出れば、往来の激しい賑やかな街路があり、極度の緊張を強いられる証券取引所や、おなかを空かせた乳児で一杯の保育室など、身の回りにはノイズがあふれている。自分の机に向かってみると、ネット接続が切れていたせいで未読のメールが２５０件たまり、今日が締切の仕事が４件もあることに気づくかもしれない。

内面的な興奮状態は心の中のノイズの大きさであり、このノイズはひとつには、外的な興奮が引き起こす思考や感情に対する自分自身の反応によって促される。

外的であれ内的であれ、動揺は私たちから冷静さや平常心、責任感、統制感、自分の人生を支配しているという意識を奪う泥棒のような存在である。この泥棒を牢屋に閉じ込め、最高の自分であり続けるにはどうすればよいか、その方法をお教えしたい。

平静と動揺のパターンに気づく

ハマーネス医師が、感情をコントロールして負の感情を抑え、前向きな感情を育てることの大切さを説いてくれた。つまり動揺のさなかにある場合、動揺という火の海に消防士のように飛び込み、冷静な感情を救い出さねばならない。

だが感情をコントロールするにはまず、自分の心の状態に注意を払い、どんなときに平静でどんなときに動揺するかを知る必要がある。いつそれぞれの状態があらわれるか、何が引き金になるのか。自宅、職場、移動中など場所によって、平静あるいは動揺の種類やその大きさは変わるのだろうか。

誰1人として同じ指紋の持ち主がいないように、平静と動揺の表れ方やそれに対する反応に

は個人差がある。混乱した場面でも平静を保てる人もいれば、同じ状況で不安を感じ自分を抑えられなくなる人もいる。名探偵になったつもりで、自分がどんな場面で負の感情に支配されるか捜査し、その過程で内面のミステリーを解き明かさねばならない。

意識のレーダーが平静や動揺を捉えたとき、その感情をどんな言葉で表現できるだろう。たとえを探し、その本質を説明してみよう。平静な気分の時は、穏やかな波が規則正しく浜辺に打ち寄せているような感じがする。リラックスして微笑みを浮かべ、肩の力が抜けている。心地よく、生きている実感がある。

動揺を言葉でたとえるなら、吹雪の中を車で走っている、ブンブンいうミツバチの群れに取り囲まれている、あるいは渋滞中に周囲の車に一斉にクラクションを鳴らされているような気分だ。

まずは自分が平静なときを振り返ろう。動揺なく心が穏やかな状態のとき、自分がどんな気分で何が起きているか考えてみる。穏やかな時間、心休まる出来事の記憶から何を学べるか。ストレスのグラフを記録し、自分の平静と動揺のパターンを俯瞰《ふかん》的に把握する。

そのためには、自分の様々なライフステージ、人生の重要なイベントや週単位の生活パターンを紙に書き出してみるとよい。

a. ライフステージ別のストレスパターン
（年齢／結婚の有無、家族の状態／居住地／職業）

20代	30代	40～50代	50～60代
独身	結婚・小さな子どもがいる	子どもが10代	子どもは独立・孫がいる
シカゴ	ミルウォーキー	ミルウォーキー	サラソータ
法律アシスタント	法務（パート）	弁護士（フルタイム）	弁護士（パート）
ストレス度 5	ストレス度 7	ストレス度 7	ストレス度 3

人生の各ステージ、重要な節目、日々の生活の中でどれくらい平穏な気持ちで過ごしているか、数字で評価する。ライフステージによって高い時期、低い時期があるなど、点数が大きく変動していないだろうか。それとも常に何らかの動揺に見舞われ、心が落ち着いた状態など思い出すことさえできない？

ベッドや南の島の浜辺で横になっている状態を1、上司への返信メールを打っている最中にネット接続が切れ、同時に電話も鳴っているが子どもをサッカー教室に迎えにいかねばならない状態を10として、10段階で評価してみよう。

日々の生活ではストレスの表れ方が一見気まぐれで予測不能でも、ライフステージ単位で見ると明確なパターンが浮かび上がることもある。これも、ストレスをグラフ化するメリットのひとつである。表の例が示すように、様々なライフステージや大きな節目、週単位・日単位での自分の動揺の起伏を知ることができるのだ。

b. 重要な節目別のストレスパターン

結婚	育児	昇進	転居
ストレス度 4	ストレス度 7	ストレス度 5	ストレス度 6

c. 週単位のストレスパターン

土日	平日昼	平日夜	休暇中
ストレス度 3	ストレス度 7－8	ストレス度 6	ストレス度 2

d. 日単位のストレスパターン

朝（出勤の支度をしつつ子どもを学校に送りだす）	ストレス度７
通勤	ストレス度　交通事情によって変わる
午前９～10時（朝一番は電話も会議もないため、おおむね穏やか）	ストレス度５
午前10～12時半	ストレス度６
昼食	ストレス度５（散歩した場合はマイナス１、机で仕事しながら食べた場合はプラス１）
午後	ストレス度５～７　仕事の進み具合による
夕食作り（子どもとパートナーのため）	ストレス度７（テイクアウトの場合はマイナス１、けれど手軽で不健康なファストフードに頼ったことに罪悪感を感じたら、あとから１点加算）
宿題／入浴／子どもの寝かしつけ	ストレス度７（パートナーが帰宅して協力してくれた場合はマイナス１）

平均的な平静度

自分の役割	平均的な平静度（1 ～ 10 で評価）
社員	
親	
兄弟姉妹	
子ども	
友人	

以上の例から、生活の中で感じる動揺を自分の考え方次第で増やしたり減らしたりできることが分かる。131ページのワーキングマザーの例では、昼食時の散歩を増やし、夕食後の育児を夫に分担してもらえばストレスを減らせるだろう。

自分の状態を俯瞰《ふかん》するもうひとつの方法は、上司、親、兄弟姉妹、子ども、友人など自分が人生で担う役割それぞれについて、平静や動揺を感じる頻度を考えてみることだ。

一番心を穏やかにしてくれるのはどの役割で、最も大きな動揺を引き起こすのはどれだろう。

どんなときに平静でどんなときに動揺するかに注意を払えば、自分の役割や責任を認識し、自分次第で動揺を減らし平静な状態を増やせる。ほぼいつも動揺状態で心が休まるときなどなく、自分が実は燃え尽きに近い状態だと気づくかもしれない。あるいは定まったパターンはなく、何日間（何週間）か動揺に見舞われる時期があったり、月末や四半期末の繁忙期など決まったサイクルで、ストレスが高まることもあるだろう。

自分のパターンが分かれば、動揺の原因を取り除き、外的・内的な興奮状態への反応をコントロールして平静な状態を生み出しやすくなる。動揺を抑え心の平静を保てている、理想の状態はどんなものか具体的に考えよう。

どんなときに穏やかな気持ちになるか。どんな環境にあれば、意欲にあふれつつ冷静な状態でいられるか。あなたにとっての理想は何だろう。

もし明日の朝、心穏やかに目覚められたらどんな感じがするだろう。平静な時間を今の倍に増やし、動揺している時間を大幅に減らせたら生活は変わるだろうか。**平穏な心持を夢見てその記憶にひたり、自分の理想を探す手掛かりにしよう。**

とにかく行動する

動揺を抑える一番手っ取り早い方法は、体を動かすことだ。散歩に出かける、ジムに行く、ヨガ教室に参加する。時間がなければ、短時間でよいので体を激しく動かそう。５分間のストレッチ、廊下をスキップする、階段を３階分のぼる、スクワットを数十回するなどで、ストレスをすぐに減らすことができる。

感情の動揺を防ぐ食べ物を口にするのも、短期間で効果が出る方法だ。タンパク質と水分を十分とり、小鉢一杯ぶんのベリーを食べ、コーヒー、砂糖、加工食品や揚げ物を減らせば、血糖値が安定して感情抑制に効果的な栄養分を脳に供給できるだろう。

数分間瞑想する、好きな曲を聞く、親友と話すなどしても、脳の興奮を素早く鎮めることができる。1日の締めくくりを散歩かワイン（ただし1杯だけ）で祝えば、その日たまったストレスなど消えてしまう。本書では安眠やストレス管理自体は扱わないが、動揺を抑えるにはどちらも重要であり、一考に値するかもしれない。

小麦や乳製品などの食品アレルギーが引き起こす体内の炎症が、動揺に似た身体感覚を生むこともある。（私を含め）小麦アレルギーの人は、たとえ少量でも小麦を口にすると興奮や苛立ちを感じる。

まず健康な生活習慣の確立に取り組めば、普段の暮らしで経験する動揺の度合いが減り、それ以外のストレスの原因にも対処しやすくなるだろう。

興奮状態の根本的な原因を探る

現在の環境に照らして、自分が必要以上に大きな動揺を感じていることに気づいた場合、脳に備わった回復力でも対処できない、隠されたトラウマや無意識のパターンがあるのかもしれない。自分がなぜそう感じるのか、理解できそうにないと思えるだろう。**だが積極的に助けを求め、自分に最適な方法を探せば、心の傷を探り、それを理解し癒す上で役立つ様々なセラピーを利用できる。**

不安やパニックに生物学的な原因があり、脳内化学物質のアンバランスが原因で過剰反応や不適切な反応をしてしまう場合もある。そんな場合は医師に相談してみよう。私たちは長期的な解決策を探しているのだから、その過程で一時的に薬を服用した方が良いこともある。

外的な原因を排除する

動揺を大きくする道を、自分で選んでしまっていることもある。間違ったキャリア、不向きな仕事、相性の悪い相手との結婚、ためにならない人づきあい。**どれも簡単に解決できる問題ではないが、少しずつ前向きに対処しようと決心するだけで、やがて今の局面が好転するという希望が芽生える。**

他方で、自分ではどうしようもない問題もある。恋愛関係の悩み、上司に恵まれない、健康問題、逃れられない老い……。この場合、ストレスを生む状況自体はなくせないため、自分がもっと強くなり、負の感情を少しずつ克服するしかない。

どう対応するかは、自分で選べる

結局のところ、決めるのは自分、選ぶのは自分だ。動揺を抑えるよう努力するのも、助けを求めるのも、自分で決めることだ。

ひどい1日（あるいは1週間、1年）を過ごしても、気を取り直し頑張ろうと決めるのは自分、学び、成長し克服する道を選ぶのはあなた自身なのだ。**誰でも生まれながらにして、心穏やかに生きる権利を持っている。**あなたはその宝物をすでに手にしていて、あとは見つけさえすればいいのだ。

やる気の炎をかき立てる

この本の読者なら、動揺するばかりで心穏やかな時間などないことは誰も否定しないだろう。だがこの状況を受け入れ、動揺を抑えようと努力していても、人生には時にストレスや動揺がつきもので、それがメリットをもたらすことさえある。

　ストレスが全くなければ、生産性があがらず結果も出ず、人生で何かに挑戦することもないだろう。カリブ海で過ごす休日を除けば、毎日のストレスをゼロにするなど非現実的で、むしろ不健全だといえる。安定した仕事、素敵なマイホーム、子どもとの時間を大切にするバランスのとれた生活——ストレスや動揺なしに、これらは手に入らなかったはずだ。優しく微笑んで、ストレスに感謝しよう。**今度ストレスを感じたら、その存在のありがたみを感じよう。**そして、ブレーキを踏んだまま車を走らせているような状態を生みだす、過剰な動揺に別れを告げるのだ。

アイデアを試してみる

　自分の感情変動のパターンを把握した今、あなたは心穏やかな時間を増やしたいと願っている。どんな状態が理想か見極めたあなたは、張り切って車に乗りハンドルを握る。車寄せから外に出て、穏やかな精神状態に通じる道をドライブする方法を学ぶのだ。変化への道は平たんではない。曲がりくねり、時に後退することもある。**だから完璧主義は捨て、実験好きな科学者になったつもりで楽しもう。**どんな場面でも、動揺のさなかで平常心を取り戻すためのアイデアを考え、どれが一番効果的か試してみる。

楽しい気分になる写真を見る。何度か深呼吸する。自分の恵まれている点を考える。誰かに感謝のメッセージを送る。連載漫画を読む。屋外に出て新鮮な空気を吸う。ヨガのポーズをとる。草花に水をやる。妻にメールで愛していると伝える。犬を散歩に連れていく。幸せな記憶を呼び覚ます。同僚にコーヒーを買っていく――。いくらでも思いつける。

動揺を抑えるスキルを身につける

手っ取り早く効果が得られる方法をいくつか見つけたら、俄然やる気もわいてくるはずだ。**何週間か続けてその方法を完全に習得し、新しい生活習慣として定着させよう。**苦もなく自動的に実践でき、動揺を感じたら慣れた手順で自然に平静さを取り戻せるようになるまで、繰り返し練習する。上達すれば成功率もあがり、次第に自信も高まっていく。

心穏やかな時間が増えれば毎日が楽しいだけでなく、その効果に驚かされるはずだ。そして、この習慣を続けようという決意を新たにできるだろう。

自分の小さな進歩をほめる

感情変化のパターンを評価したときと同じように、動揺の抑制に取り組む際も、どんな小さな進歩も見落としてはいけない。

自分の進歩を1～10の10段階（完全な動揺を1、心が非常に穏やかな状態を10とする）で評価し、たとえ5点から6点にあがっただけでも、自分をほめてあげよう。周りの人と進歩を共有し、彼らも同じ旅に乗りだせるよう手を貸そう。**穏やかな気持ちが生みだす幸せな気分は、自然と周りに伝染していく。**この輪を広げていこう。

思考を整理する６つの法則

①動揺を抑える

効率的なデキる人間は、自分の感情を意識しコントロールできる。不安・悲しみ・怒りといった、心の動揺を素早く手なずけられれば、それだけ早く仕事を終えられ、気持ち良く過ごすことができる。

具体的にどうするか

▷生活の中での平静と動揺のパターンに気づく
▷とにかく行動する
▷興奮状態の根本的な原因を探る
▷外的な原因を排除する
▷どう対応するかは、自分で選べる
▷やる気の炎をかき立てる
▷思いついたアイデアを試してみる
▷動揺を抑えるスキルを身につける
▷自分の小さな進歩をほめる

第 4 章

思考を整理する6つの法則②
――集中力を持続する

集中力への負担が大きい現代

注意を向ける、集中する、緊張感を保つ、気をそらさない、目を離さない、耳をそばだてる、よく見る……。これらは、注意を払うという人間の基本的なスキルを指す様々な表現のほんの一部である。

これほど色々な表現で、私たちが互いに注意を払うよう声を掛け合うのも、無理はないのかもしれない。目まぐるしい現代社会で、人間の注意力は過大な負担を強いられている。全世界があらゆる場所で、私たちに注意を向けろと要求してくる。

集中力を保つ能力は、段取り力や整理整頓能力に欠かせない要素のひとつだ。

これが、デキる人間への道のりの第二段階である。第一段階は感情を抑制する、すなわち動揺を抑えることだった。それを終えた今、次のステップ——注意を持続し、長時間集中力を保つ——に進む準備ができたはずだ。

もちろん、注意を向けろと人に言うのは簡単だ。

しかし脳科学の観点に立つと、それを実践するプロセスは、脳の多くの部位がかかわる極めて込み入った作業である。

たとえば何かをじっと見る場合と比べるとはるかに複雑なプロセスで、中には生涯を注意力の研究に捧げている神経科学者もいる。本書では当然そこまで詳しく扱わないが、注意力はスケジュール管理に欠かせない能力である。ここ数年で研究も進んだため、注意力の仕組みをある程度知っておくとよいだろう。

いわゆる「注意プロセス」の最初のステップは、テレビCMや教壇に立つ教師、遠くで点滅する赤いライトなどの刺激に対して注意を誘導することである。

たとえば遠くで光る赤いライトが、通りをこちらへ走ってくる消防車だとしよう。脳がその情報を捉え、音が聞こえる方に目を向ける。立ち止まり、目と耳で確認するまでの反応の速さを、考えてみてほしい。私たちは一瞬のうちに、その車が何で、どちらの方向から何のためにやって来るかを確認する。加えてかすかに煙の匂いが鼻をつけば、何が起きているかや、消防車の向かう先を推測できる。この過程で、聴覚、視覚、嗅覚という3つの感覚を動員していることになる。夕食の時間がくれば、触角と味覚も活用することになるだろう。

注意プロセスの次のステップは、消防車がサイレンを鳴らして走り去る際のその情報への関与である。最初は単に音に誘導されるが、この段階では細かい情報に注意が向く。車に積まれたハシゴや水槽《すいそう》、最新式の消火装置、防火服に身を包んだ消防士が目に入り、ヘルメットの下の彼らの緊張した表情も一瞬捉えられるかもしれない。車体側面の文字を読んでどの消防署から派遣されたか分かり、その消防署の前を通った記憶が蘇《よみがえ》る。消防士が活躍するテレビドラマの一場面、子どもが学校の社会見学で近くの消防署を訪れたときの風景、地元紙で読んだ消防署が新装備の購入を検討しているという記事などが頭をよぎるかもしれない。

脳の様々な部位から引き出した情報を総合して、この刺激に１００％の注意を払っているのだ。あなたはサイレンの音に、全力で集中している。しかも、これら全てがほんの数秒のうちに起こる。

人間に備わったこのスキルに改めて思いを馳せ、大量の情報をこれほど短時間で処理できる自分の注意力を誇らしく思おう。最近職場や自宅で段取りが悪く、すぐ注意散漫になってしまうとお嘆きの皆さんも、もし今この瞬間に消防車がサイレンを鳴らし疾走してきたなら、この豊かな認知能力で即座に注意を向けられることを忘れてはならない。

脳内の「注意プロセス」

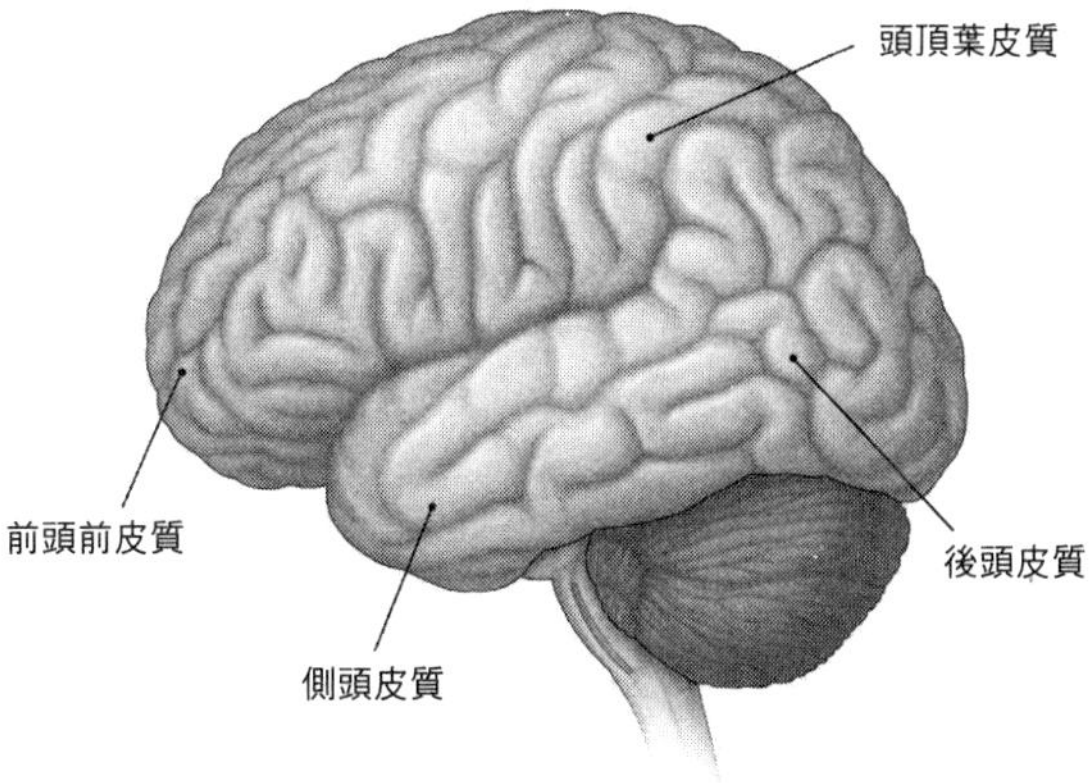

出典：国立薬物乱用研究所教材用スライド

人間が注意力を発揮する仕組みと、その際に重要となる脳の「皮質」と呼ばれる領域について説明したい。皮質を意味する英語の cortex という単語は、ラテン語で樹皮を意味する。皮質とは脳の表面を覆うひだや溝であり、脳の情報処理の大部分がここで行われる。皮質はいくつかの領域に分けられ、それぞれ異なる機能を果たしている。

皮質の後ろ側から前側に進むかたちで、脳内で注意力が働く仕組みを説明していく。遠くで聞こえた消防車のサイレンが、車が近づくにつれて次第にはっきり聞こえてくるように、目から取り込まれた感覚情報は脳の後方（後頭皮質）で受け取られた後、側頭皮質と頭頂葉皮質に伝えられる。

頭頂葉皮質は、周囲の動きを捉えて空間処理を行い、時間と空間の中での位置を把握する。新たな刺激に注意を向ける最初のステップでは、頭頂葉が鍵になる。側頭皮質は、刺激の特徴を見分ける役割を果たす。頭頂葉皮質が、近づいてくるものに注意を向けるよう警告するのに対して、側頭皮質はそれが何か（色や形、音などの特徴）を教えてくれる。サイレンの音の高さや音量、あるいは点滅する赤いライトなどの目立った特徴を含め、細かな情報に注意を向けさせる。

神経細胞が発するメッセージが脳の前方に伝わり、情報が前頭前皮質（情報への反応と行動を司る部位）に達すると、これら全ての情報が処理され、関連する過去の記憶と結びつけられる。**前頭前皮質はいわば脳の司令塔とみなすことができる。**

前章で述べたように、前頭前皮質が感情のコントロールに大きな役割を果たすことを考えると、これも不思議ではない。前頭前皮質は、私たちが情報を受け取りそれに対する反応を考える際に、注意力を保てるよう助けてくれる。最初に消防車に気づいたときに、隣の人が携帯電話で交わしていた会話や通りを横切る人など、無関係な刺激を取り除いてくれるのだ。注意のプロセスは誘導から始まり、持続的な集中によって継続する。**けれど注意を保つには、途中で邪魔をする余計な刺激に上手く対応しなければならない。**

次章以降で扱うように、前頭前皮質は、ある対象から別の対象に注意を切り替える、視界から消えた情報を記憶しておくなど、注意と思考の整理に欠かせない複雑な機能を担っている。もちろん、消防車の例のように注意のプロセスが完璧に機能し、印象的で強烈な刺激に対して、前頭前皮質をはじめ脳の各部位が十分に活性化する場合もあるが、いつもそうとは限らない。

ケーススタディ① ナンシーの集中力の限界

30代のナンシーはファイナンシャル・プランナーで、勤務先の金融機関で有望な若手として期待されている。だがそんな彼女には悩みがあった。

「最後までやり終えられないんです。何事にも集中できず、注意散漫でいつも頭の中がグチャグチャになります」と彼女は、私のオフィスに腰をおろしながら訴えた。

だが彼女には立派な肩書があり、最近昇進したばかりだという。それなら当然、仕事もきちんとこなせているのではないか？「ええ、今の会社では評価されています」とナンシー自身も認めた。「でも責任が重くなるにつれ、期待に応えるのが大変になってきて。大失敗しそうで心配です」

環境やその変化が集中力に影響を及ぼすこともあるため、私は職場と仕事の内容について詳しくたずねた。彼女によると、オフィスのドアがいつも開けっ放しなので、顧客との電話中やパソコン作業の間にも、色々な人が立ち寄って話しかけてくるという。会議に呼び出されることも多かった。

慌ただしく注意をそがれやすい環境にある上、彼女が受け持つ仕事の難易度（必要とされる集中レベル）もあがっているようだ。ナンシーは限界に達したのかもしれない。

「その集中力の問題は、昔からですか」

「そういうわけではありませんが」これまでも、何度か似たような経験をしたという。「前の職場では特別プロジェクトを担当しました。突然責任が増えて、どうすればいいか分からなくなって……」

彼女はそこで言葉を切ると、くすくす笑った。「ある日、夕方17時の会議に参加する予定になっていたのに、完全に忘れて友達と飲みに行ってしまって」そこでナンシーは私の方を見て、少し微笑んだ。「でも楽しい食事でしたけどね」

私のもとを訪れる患者の大部分は、生涯続くADHDの悩ましい症状を抱えている。**それ以外の人は、正常とADHDを結ぶ連続線上のどこかに位置づけられ、不注意や整理整頓が苦手**

といった症状の程度には個人差があり、持続期間も限られるためＡＤＨＤという診断名は下されない。ナンシーの問題は一生続くものではなく、人生の中で何度か症状があらわれるに過ぎない。今がちょうどその時期ということらしい。

「これが自分の能力の限界だという実感はありますか」とたずねた。

彼女は眉を寄せた。「能力ですって?」

「ええ、すでに一杯いっぱいなのに、さらに色々な仕事を頼まれて大量の情報があふれ、気が散るものが周りに沢山あって、集中力の限界だと感じてしまう。今のあなたは、そんな時期にあるように思えます」

「そうなんですか、集中力に限界があるなんて知りませんでした」と彼女は答えた。

集中力という限りある資源

脳には注意力を維持する高度な機構が備わっているが、対応できる分量や持続期間には実は限界がある。一般的な集中力の持続時間はどれくらいなのだろう。

ＡＤＨＤ患者の集中力は得てして10〜15分であるのに対し、健常な成人集団は約４倍の１時間程度まで集中を保つことができる。ただし締切が迫っていたり、上司や妻（夫）からプレッシャーをかけられたり、やるべきことが目新しく興味を持てる作業である場合、ＡＤＨＤの人も15分以上集中できる。

だが一般に、ＡＤＨＤの人は手元の作業に専念する代わりに、数分経つと席を離れて水を飲みに行ったり、窓の外を眺めたりネットサーフィンに興じることが多い。

彼らは集中できる時間が非常に短く、幼い頃からずっとその状態が続いている。

何がこの持続時間に影響を与えるのか。

多くの要因があるが、当然ながら、作業内容が面白かったり自分の目標に深くかかわるものである場合、あるいは特に印象的な要素が含まれる場合には熱心に注意を払いがちである。そのため、貯蓄をめぐるファイナンシャル・プランナーとの話し合い、お気に入りの作家が書いた息もつかせぬ展開の小説、サイレンと警笛を鳴らし、ライトを点滅させながら走る消防車などは、私たちの注意をひこうと競い合う無数の刺激の中でも、とりわけ注目を集めやすくなる。こうした刺激は、際立っているのだ。

中には、無関係な刺激を締め出し集中することにかけては、伝説的な能力を持つ人物もいる。南北戦争中に北軍の将軍を務め、のちに大統領に就任したユリシーズ・グラントは、轟音鳴り響く戦場でも超人的な集中力を発揮したという。大砲が火を吹き煙が立ち込め、あたり一面を混乱が支配する中でも、グラントは前線からの報告に全意識を集中させ重要な決断を下すことができた。歴史学者マーク・ペリーはこれをグラントの「最も驚くべき資質」と呼んでいる。「歴代将軍の中でとりわけ強くも聡明でもなく、洞察力に優れるわけでもなかったが、グラントは何事にも非凡な集中力を示した」グラントの卓越した集中力は、晩年に見返りをもたらした。彼は末期の咽喉《いんこう》がんと戦いながらも、妻子に印税を残し苦しい家計を立て直すため、回想録の執筆に取り組んだ。体の痛みに悩まされつつも、彼は回想録の執筆と修正に全力を注ぎ、1885年7月19日に本を完成させると、その4日後に世を去った。これこそが本当の集中力といえる。１年後、残された妻は総額20万ドルの印税を手にした。

その反対にナンシーのような人もいる。

普段なら彼女は、30分から1時間以上は仕事に集中できるが、業務量が突然増えて大量の情報処理を迫られたことで、注意力の歯車がきしみを立てて止まってしまったのだ。

（消防車や面白い小説、貯蓄をめぐる大切な打ち合わせに対する場合のように）私たちが注意力を十分働かせなければ、情報自体の存在が消えてしまうこともある。おそらく誰でも同僚に「この間送ったメモ、覚えてないの」と聞かれたり、妻に「合い鍵の場所を教えたでしょ、忘れちゃったの」と怒られた経験があるだろう。メモや合い鍵を見た記憶すらないため、言われた方はあっけにとられてしまう。そんな出来事があったとは到底思えない。

だが実はこちらが注意を払っていなかっただけで、メモや合い鍵を見せられたときに自分がその情報を処理しなかったのだ。

注意を払うという行為は、必ずしも自動的なプロセスではない。意識的に努力しないと、出来事や情報、経験が記憶から抜け落ちる。面白いことに、「覚えていない」が実は「そもそも関心を払っていなかった」という意味になることもあるのだ。

目的志向型と刺激駆動型の注意

本書ではここまで注意をひとつのものとして扱ってきたが、心理学によると注意の向け方は、目的志向型と刺激駆動型の2種類に分けられる。

目的志向型の注意は、内面の目標や願望から主体的に引き起こされる。この種の注意は、私たち一人ひとりの固有の人生、具体的な興味の対象やその時点での目的に左右される。これはいわばトップダウン型の注意で、認知的制御を司る大脳皮質によって引き起こされる。

ナンシーの場合、郊外の高級住宅地で新規顧客の開拓に欠かせない、クライアントへの個別提案書を作成している最中に、目的志向型注意のスイッチがオンになるかもしれない。

対して刺激駆動型の注意は、「火事だ」という叫び声やパソコン上のポップアップ画面、水平線で点滅するライト、力強いギターのコードなどに誘発される。その情報に命を救われることもあるが、多くの場合は無害で気まぐれな刺激だ。この種の注意は、外部から感覚が刺激されることで引き起こされる。ナンシーの邪魔をしているのは、こちら（開いたドアを通じて毎日彼女に降り注ぐ様々な要求や人の出入り）かもしれない。

人間の注意を捉えやすいのはどんな刺激かをめぐり、研究者の間で今も議論が続いている。目立つ、自分に関係があるといった刺激の重要性に左右されるのか、あるいは突然あらわれるなど刺激自体の特徴によるのか。猫がねこじゃらしに夢中になるように、進化の歴史を経た今も人間の注意を引くのはしょせん、キラキラ光る金属なのかもしれない。

しごく当然の理由から長年注意力を研究してきた広告会社は、このことをよく理解している。大成功を収めた広告の中には、小細工で一時的に見る人の注意を引くコマーシャルだけでなく、人々にとって重要なメッセージを表現した広告キャンペーンもある。その代表例が１９８０年代初めの、アップル社によるマッキントッシュの広告だ。「普通の人のためのコンピュータ（The

Computer for the Rest of Us)」というキャッチコピーには、パソコンに興味はあるが、あんなややこしいマシンは白衣を着て工学学士号を持つ専門家にしか使いこなせないと感じている、多くの消費者の注意を引く狙いがあった。シンプルながら、一般消費者の注目を集めるに十分な意味をはらんだメッセージだったため、この広告がのちに世界有数のブランドを築く足掛かりとなった。

幸い脳は、種類の異なる注意の対象を管理する能力を備えている。互いに拮抗《きっこう》する刺激の中には、本人の目標に沿った目的志向型の情報もあれば、目標に反し、時にその修正につながるような、刺激駆動型の情報もある。理想的なバランスは、自分の目標への注意を保ちつつ、目先の目標に合致した刺激だけに関心を向けられるようになることだろう。

職場の打ち合わせを例にとると、何かひとつのこと（テーブル上座で話す人）に注意を向けている間も、脳は意識下で新たな情報（左側で紙がカサカサいう音、右側のささやき声）を評価し続けている。こうした新たな刺激が競って注意を引こうとするが、頭の中が整理されていれば、関心を向ける価値がないものを締め出すことができる。

加えて、もうひとつなすべき認知的作業がある。**目の前の重要な作業（話に耳を傾けながら**

メモをとる）を止めることなく、周囲の全てのノイズを適切に処理して優先順位を評価することができるかどうか——。これが、整理された思考を見分ける基本的な目印である。

多くの人はこの能力を当たり前のものと思っているが、そう簡単にはいかない人もいる。

ケーススタディ②　ジェイソンの注意力不足

大学3年生のジェイソンは悩んでいた。

勉強に集中できないせいで、成績が急降下していたのだ。私のオフィスを訪れた時点で、ＧＰＡ（全科目の成績平均を数値化したもの。一般に平均は3程度）が2．5を下回るおそれがあり、本人と両親が希望する経営学修士課程（ＭＢＡプログラム）への進学は厳しい状態にあった。「残り1学期で挽回しなくては」と、椅子に腰をおろした彼は打ち明けた。

「どんな感じの大学ですか」

彼はいぶかしげに私を見た。「どういう意味です？」

「１００人が講堂で授業を受けるような大きな大学ですか。それとも規模が小さく、５～６人がテーブルを囲んでゼミを開くような大学ですか。下宿はキャンパス内の寮ですか、学校の外のアパートですか」

こうした情報が重要だった。彼が置かれた環境を知る必要があったのだ。ジェイソンはボストン地区の中規模校で学び、学生寮に住んでいると分かった。

「ではどこで勉強していますか」とたずねた。

「図書館です。何時間も過ごすこともあります」

「はかどりますか」

「いえ、それほど……」彼は椅子の上で居心地悪げに体を動かしながら、説明した。図書館にいる間、彼はリュックから次々に教科書を取り出し、ひとつの課題から次の課題へと学習内容をひっきりなしに変えるのだという。教科書を開き、自分が書いたメモに目を通し、1〜2ページ読むと本を閉じて片付ける。横を通り過ぎる人を観察する。立ち上がり本棚を物色する。掲示板に貼られた通知を見に行く。

あまり勉強が進まないまま、図書館を出て寮に戻る。その寮はたまたま上級生が多く、いつも静かだという。「静か過ぎてかえって気が散ります。上の階で誰かがドアをバタンと閉めたりすると、その音がすごく響いてドキッとします」彼によると、結局は「1時間もいたずら書きしていたことに気づく」のだという。

加えてジェイソンは、幼い頃から似たような問題を抱えていた(これは診断上重要な情報だ)。図書館で集中できないという話をするうちに、彼は小学1年生の時、担任教師に、国語の授業中プリントから目を離すなと叱られたことを思い出して含み笑いをもらした。中学時代も集中力に波があり、高校ではいくつかの得意科目で優秀な成績を収めたが、化学は落第寸前だったという。「全く興味が持てなくて。実験室で液体があわを出すのを眺めたり、壁に貼られた図を読んだりしていました。お情けで合格点をくれたんだと思います」

彼を助けられる自信はあったが、セッション終了時に私は診断を下した。ジェイソンはADHDである。

注意を切り替えることが難しい

ジェイソンのようなADHD患者は、基本的な注意スキルの不足に悩んでいる。

彼の症状を指す名称は時とともに変化してきたが、注意力という基本的能力の問題を反映して、現在は注意欠陥多動性障害と呼ばれている。

次章以降では、「注意欠陥」では注意を払うだけでなく、何かから注意を切り替えるのに困難を感じる場合もあることを説明する。たとえば一般的なイメージと違い、ＡＤＨＤの子どもは何時間でもテレビゲームに集中できる。時には、学校で勉強に集中するのに苦労するのと同じくらい、ゲームから注意をそらすのに苦労することもある。

注意力のスイッチは、入れっぱなしや切れっぱなしではいけない。タイミングよく適切な対象に注意を向け、目的に合わせて柔軟に注意を切り替えることが求められる。

研究の結果、ＡＤＨＤ患者には前頭前皮質などの皮質の一定の領域を含め、脳内の注意力を司る部位に異常があることが分かっている。ＡＤＨＤ患者はそうでない人と比べ、こうした部位の大きさや機能、脳内の他の部位との連携や結合に違いがある場合がある。

ＡＤＨＤ、脳卒中や外傷性脳損傷などの症状に見られる注意欠陥を脳科学的に研究することで、脳が働く仕組みへの理解を深めることができる。要求が増す一方の現代社会への脳の優れた適応力には驚かされるが、ＡＤＨＤなどの症状を持つ人の研究から、注意力をコントロールする仕組みに問題が起きることも分かっている。

皆さんはＡＤＨＤではない可能性が高いが、皆さんの集中力不足や注意力不足はまぎれもなく現実的な悩みであり、想像力の産物ではないだろう。

前に述べたように、人間には限界がある。幸い、だからといって脳に問題があるわけではないが、自分の注意力不足が気になるのも無理はない。嬉しいことに、注意力を高め、認知的負荷を上手く管理し、限界に達した状態を改善する方法はいくつか存在する。

目的志向型の集中力を高める

人間の脳は、技術が生みだす大量の情報にさらされている。この10年間の脳科学の進歩により、脳は驚くほど複雑な器官であることが分かった。現在も未来も、脳は完璧な注意力を発揮することができる。**人間の注意力ほど、脳の高度さを明らかにしてくれる機能はない。**脳はほんの数秒で、五感を含む様々な刺激や情報を統合し解釈するのだ。

とはいえ、脳が毎日対峙しなければならない、情報があふれ複雑さを増す一方の社会も簡単には片付けられない問題である。前述のように注意力には限界があり、ノイズの量とスピードに対応しきれないときもある。だから皆さんも、本書を読んでいるのだろう。

だが過去の人類が、文字や言語、機械・自動車の操作など、彼らの思考を妨げる新たな技術への適応を迫られたように、私たちも現代社会に適応していくことになる。心配はいらない。新型携帯端末の操作方法を覚える、フェイスブックの投稿に反応するといった試練にさらされても、脳が壊れることはない。

現在は研究により、人間は一般に、自分の目標に関連するものに注意を惹きつけられることが分かっている。**刺激がどれくらいうるさく目立つかより、目標との関連性の方が重要なのだ。**私たちは、消防車に関する大量の情報を処理し、一瞬そちらに注意を向けてから手元の作業に戻ることができる。だが携帯が鳴り、夫（妻）や上司、担当医の番号が表示されれば、脳はサイレンや点滅するライトを締め出し、自分にとって本当に大切な刺激である携帯電話に注意を向けるだろう。

つまり集中力を高めたければ、目的志向型の注意力を出来る限り高める必要がある。どんなによく光っても、消防車が通るたびに後を追いかけるのでなく、刺激を区別しなければならない。この能力を、誰でも身につけることができる。

メグ・コーチのアドバイス　集中力を高めフロー体験を増やす

誰でも子どもの頃に、学校で先生に「ちゃんと話を聞きなさい」とたしなめられた記憶があるだろう。私たちはどこかの時点で、興味をそそられる楽しい人や事物には集中できるが、退屈な人や面白くない事には苦労することに気づく。小さい頃は、親や教師が一人ひとりの興味の関心や才能に応じて、私たちの注意を引くような活動を探してくれた。

だが大人になると注意を払うべき事柄が多過ぎて、人間には生来備わった注意力があることや、魅力を感じる対象には人それぞれ好みがあることを忘れがちになる。

たとえば恋人と付き合い始めた頃を、思い出してみよう。相手から、他の誰より自分を見るよう求められたはずだ。あるいは人生最高の思い出を振り返り、その瞬間をいかに満喫したか思い返してもいい。あなたの注意力は衰えているかもしれないが、完全になくなってはいない。

30年にわたり注意力を研究するシカゴ大学のミハイ・チクセントミハイは、理想的な集中状態を「フロー」と名づけた。彼によれば、「フローとは、人間が自分自身のためそのときしている活動に完全にのめりこみ、困難で価値ある成果を達成するため自発的に心身の能力の限界に挑戦すること」だという。多くの人が、苦もなく何かを達成できた人生最高の瞬間に味わった感覚を、この言葉を使って説明している。スポーツ選手の間では、この状態は「ゾーンに入る」と呼ばれる。人生の中でフロー体験が増えるほど、幸福や充実感が増す。注意を払うことで、心身の健康が高まるのだ。

チクセントミハイは著書『フロー体験　喜びの現象学』（世界思想社）の中で、精神病院に入院しているある重度の統合失調症患者のエピソードを紹介している。彼女を担当する医療チームは、症状を改善できなかった。**そこでチクセントミハイの理論に従い、患者が意欲的に取り組め、幸福感を得られる活動がないか探すことにした。**彼女の生活を時間で管理するのはやめ、気分やエネルギー、意欲などを調査する簡単なアンケートに答えてもらった。するとこの患者は、爪の手入れをしている時に最も幸福感が高いことが分かった。

そこで医師らは、彼女にネイリストになる訓練を受けさせた。病院内で他の人の爪の手入れをするようになった彼女は、やがて退院できるまでに回復し、その後もネイリストとして自立した生活を送った。心から好きなことに集中することで、これほどの効果が得られるのだ。

多くの人にとってフロー体験が一番起こりやすいのは職場だが、（膨大なやることリスト等が引き起こす）感情的な動揺や、企業文化が無意識に生みだす不要なストレスと緊張によって働く喜びが損なわれるせいで、私たちはフロー体験を逃している。

持続的な注意とフローは人間にとって自然な状態であり、先を見越して少し念入りに計画を立てれば、フロー体験を増やすことができる。

一体どうすれば、集中力を高め注意を持続し、フロー体験を増やせるだろう。

自然に集中できることを見つける

前章ではどんなときに動揺に見舞われるか調べたが、ここでも生活の中でのパターンを知ることが大切になる。**あなたは何をしているとき、時間を忘れるほど夢中になり、やり終えたときに達成感で満たされるだろう。**それをやっている最中は何の苦労も感じず、自分の能力を少し上回るレベルに挑戦するため、興味を持って心から熱中できる。あまりに難し過ぎると自信をなくすし、簡単過ぎると退屈してしまう。

得意なものが会議の司会進行であれ、テニス、ピアノ、料理、ブログ執筆であれ、それをやっている最中は自分の強みを思う存分発揮できる。

ハマーネス医師も指摘するように、目標志向型の注意は一番持続しやすい。なぜなら注意の対象が、自分にとって意味のあるものだからだ。自分が夢中になれることを見つけよう。

フロー体験を存分に味わう

前項で説明した素晴らしいフロー体験を思う存分味わい、その時間に感謝しよう。その体験を感情の動揺に邪魔させず、一層特別なかけがえない時間にするのだ。ドアを閉め、携帯やパソコンの電源を切り、冒険心や好奇心、探究心を持ってその活動を思いきり楽しもう。自然に集中力を引き出すこうした目的志向型の活動――自分が本当に好きなこと――を純粋な形で体験すれば、自分の注意力には何の問題もないこと、満足度と活力をもたらす面白い活動をする限り、最高の集中力を維持できることが分かるだろう。

今この瞬間を意識する時間を作る

集中力が最も高まる瞬間を何度も体験したら、今度は日常的な動揺と不注意から抜け出し、集中できる時間を増やす方法を考えよう。今この瞬間に意識を向けるのだ。**シャワーを浴びている間はシャワーを楽しみ、淹《い》れたてのコーヒーの香りを味わい、子どもの無邪気な笑顔に見とれる。**まずはこれが出発点になる。深呼吸して、今いる場所やその瞬間の気持ち、周囲の様子を意識し、ただそこにいるだけでいい。このスキルを身につけるのは、決して難しくない。誰でも子どもの頃は必ずできたことなのに、様々なノイズや思考、感情、記憶が何年も蓄積されるうちに心が曇ってしまったのだ。昔の自分を思い出し、新しい衣装のように毎日身にまとおう。何かするのでなく、一瞬でよいからただそこにいるようにする。

今この瞬間に注意を向けることで得られる、こうした気づきが増えるほど、注意プロセスを主体的に起こしやすくなり、自分で注意力をコントロールできるようになる。

自分の強みを理解する

フロー研究から重要な教訓を引き出せる。それは、人間は強みを生かせる活動には興味を持って没頭できるが、苦手なことをするとエネルギーを奪われ集中力を保ちにくくなるということだ。他の研究でも、成人のうち自分の強みを十分理解している人は3分の1に満たないことが分かっている。そこで、自分の生まれながらの才能や長年伸ばしてきた強みを理解しよう。幸い、第2章で紹介した「VIA特性調査」、クリフトン社の「ストレングス・ファインダー」など長所を知るための診断テストが数多く開発されている。コーチや友達に協力してもらい、自分の強みは何か、集中したいときの武器としてその強みをどう利用できるか考えてみよう。私の場合、自分の長所は粘り強さだと思い起こすことで、疲れたときも集中力を取り戻している。「私は苦しいときこそ頑張るのが得意なんだ、さあ、かかってこい」と考えるようにしている。

何事もフロー体験に変える

チクセントミハイが提唱したフロー体験を起こす条件を満たせば、いつ何をしていてもフローを生みだし、注意を持続させることができる。

まずは、目標につながる活動を見つける。たとえば「今夜は息子としっかり向き合う時間を作ろう。ガミガミ言わず、ただ息子の様子を見ることにする」など。

次にその活動の目標を決める。「10分間、他のことはせず息子と向き合う。話をさえぎって意見したい気持ちをグッと抑え、ただ息子の言葉に耳を傾ける。楽しい話題にはあいづちを打ち、むずかしい悩みには共感する。自分は尊重され愛され、話を聞いてもらえていると、息子に実感してもらう」

続いて改善のサインを探す。「普段は今日どうだったと聞いても、〝うん〟〝別に〟といった素っ気ない返事しかしないが、話をする中で息子の反応が変わり、長い文章で答えてくれるようになってほしい。息子がくつろいだ様子で笑い、できれば最後には温かく私をハグしてくれると嬉しい」

最後に成果を振り返る。「息子に、一日の出来事を話してくれてありがとうと伝える。これからも、いつでも相談に乗るよと言う。10分間の団欒《だんらん》を楽しみ、親子の絆を確かめられたことに満足する」

一定のスパンで脳を休ませる

筋肉と同じで、脳も使い過ぎたときには休ませる必要がある。**長くて90分を目安に、一定の期間集中した後は脳を休憩させよう。**何度か深呼吸する、席を離れて景色を変えるなど。パソコンに向かっていた場合、軽いストレッチや短い散歩をするだけで、脳はもちろん体も驚くほどリフレッシュするだろう。

ささいな事を満ち足りた体験に変える

今までの話では、もっぱら長期的な営みに目を向けてきた。なぜならそれが推進力となり、家族、友情、キャリア、幸福といった面で人生の進展をもたらしてくれるからだ。こうした営みは、経験に伴い培われる精神的な安定の基盤となり、長い目で見た人生への満足感をもたらしてくれる。

だが車で通勤する、電話で誰かと話す、メールに返信する、軽食を準備する、洗濯物を畳むといった、日々の何気ない瞬間に注意を払うことも大切だ。一瞬の体験をどれほど満ち足りたものにできるか、意識しよう。毎日が特別なのだと思おう。「立ち止まってバラの香りをかごう」というアドバイスはもう聞き飽きたかもしれないが、この言葉にも一理ある。

マイナスの感情に翻弄されているときは、日常に潜む美に気づきにくくなる。だが後ろ向きになることも人間らしさの表れであり、注意を向ける価値はある。**マイナス思考から完全に目を背けてはいけない。**よく言われるように、教訓を受け入れる用意さえあれば、私たちは失敗や落胆、挫折から多くを学ぶことができる。

悲惨な状況でも希望は見出せるという例を、いくつか紹介する。

・飛行機の出発が遅れている。あと2時間空港で待たねばならない。その時間を生産的に使おう。本を読み進める、読みたかったが時間がなかった新しい本に取り掛かるなど。今朝運動する時間がなかったなら、このチャンスを活かして空港内を散歩できるし、ラウンジの瞑想スペースでヨガに挑戦してもいい。

・プロジェクトの分担について、同僚と言い争いになった。相手との人間関係を深める絶好のチャンスではないか。この機会に、今までの仕事のやり方を見直してもいい。その同僚と協力して、新たなやり方を上司に提案してはどうだろう。

・妻が病気になった。今後数週間は自分が妻の分も家事をこなさねばならない。妻のありがたみを実感すると同時に、新たな挑戦のチャンスでもある。これからしばらくは、あなたが洗濯や食事の用意、請求書の支払いをするのだ。これでできる家事が増える。
・重要な仕事の締切に間に合わなかった。
そもそも皆さんは、こんな出来事がきっかけで本書を手にとったのかもしれない……。これは、もっと整理整頓能力や段取り力を高めて上手く対応できるようになれという、自分への警告なのだ。あなたは今現在、この課題に頑張って取り組んでいる。

余計な刺激への対処法を学ぶ

ドアを閉め、携帯とパソコンの電源を切って静かな部屋で作業すれば、刺激を最小限に抑えられる。だがどんなに努力しても、余計な刺激に必ず邪魔されるだろう。

まず、今の自分に何が必要か心の声に耳を傾けること。すぐ気が散ってしまうのは、自分が働き過ぎで疲れているから、集中できる環境にないから、あるいは手元の作業が退屈か不安しか生まない類のものだからかもしれない。**余計な刺激に注意をそがれたら、それは内面に意識を向けろというサインだ。**心の声は何と言っているだろう。

余計な刺激に足をすくわれそうになったら、今この瞬間の体験に意識を向けよう。そうすれば、動揺せずその場で冷静に判断できる。何か別のものに注意を切り替えてもいいし、刺激に気づいた後、それを頭から追い出すこともできる。ここで大切なのは、自分の反応をコントロールすることだ。**何に注意を向けるか決めるのは自分、誘惑に流されるかどうか決めるのはあなた自身なのだ。**自分でしっかりハンドルを握ろう。

パソコンの画面に芸能人の不倫を報じた記事が表示される。でも、本当に今それを読む必要があるのだろうか。

友人が、おしゃべりしたいと電話をかけてくる。同僚が、噂話に興じるためあなたのオフィスに立ち寄る。彼らに「ちょっと時間あるかな」と言われたとき、「今は無理だけど僕も話したいから、後でこっちから連絡するね」と礼儀正しく断れるだろうか。

実は、余計な刺激に「ノー」と言うのは、さほど難しいことではない。

瞑想など集中力を鍛えるトレーニングをする

注意散漫で混乱した状態に脳が慣れきっている場合、筋肉を鍛えるのと同じように、集中力を取り戻すトレーニングが必要かもしれない。**今この瞬間に意識を向ける方法を覚えるには、瞑想が一番だろう。**あるいは集中力維持に向けて自分で目標を設定し、友達とペアを作って互いに進捗状況を報告しあってもいい。今日はどれくらい集中できたか、10段階で評価してみよう。時間をかけて少しずつ、スコアを伸ばしていくようにする。

時にはぼんやりする

この章の冒頭でハマーネス医師が説明したように、人間には生まれつき注意力が備わっていて、誰でもこの能力を最大限に活用できる。だが注意力は、赤ん坊が自然に歩くことを覚えるのとは違い、意識的に磨くことができるスキルだ。デキる人間になるには集中力が欠かせないが、時には刺激に流されてぼんやりしても構わない。

確かに、人生の様々な場面で集中力を高める練習が必要だし、実際に高めることもできる。けれど、四六時中そうである必要はない。**時にはスイッチをオフにする時間を作り、キラキラ光る物に目を奪われたり、あてどない思いにふけったりしよう。**

思考を整理する6つの法則

②集中力を持続する

集中力は、思考の整理に欠かせない土台である。自分のやるべきことに注意を向けるための、目的志向型の集中力を高める必要がある。

具体的にどうするか

▷自然に集中できることを見つける
▷フロー体験を存分に味わう
▷今この瞬間を意識する時間を作る
▷自分の強みを理解する
▷何事もフロー体験に変える
▷集中した後は一定のスパンで脳を休ませる
▷ささいな事を満ち足りた体験に変える
▷余計な刺激への対処法を学ぶ
▷瞑想など集中力を鍛えるトレーニングをする
▷時にはぼんやりする

第5章

思考を整理する6つの法則③
——ブレーキをかける

デボラの場合 やりだすと止まらない

30代半ばのデボラは、明るく気さくで自信にあふれている。夫と2人の子どもと暮らすボストン郊外の一軒家には、広い裏庭と豪華なホームシアターがある。彼女は、子どもの小学校でPTAのクラス役員を務め、サッカーや楽器などのお稽古ごとのため車でわが子を送迎し、健康的な食事と温かな家庭づくりにいそしんでいる。

絵に描いたような理想の家族をさらに完璧にすべく、一家はスニッカーという可愛いテリア犬を飼っている。

なぜこのオフィスをたずねてきたのだろう、と私は首をかしげた。

「物事を最後までやり通せないんです」とデボラは言い訳がましく説明した。弁解しなくて大丈夫です、と私は応じた。デボラが財布から出した笑顔の家族写真を見る限り、子育ては上手くいっているようだ。スニッカーまでも満足げに見える。一体何が問題なのか。

デボラは落ち着いた様子で悩みを打ち明けた。

「用事を片付けるのに苦労しています。いつも最初は、３つくらい仕事をこなそうと思うのに、ひとつ目を終えられた試しがなくて」

私は、具体例を教えてくれるよう頼んだ。

「この間は最悪でした」と彼女は天を見上げた。「先週末、ガレージを掃除するつもりでした」

私の頭の中で警告音が鳴り、赤いライトが点滅した。ガレージだって、何てことだ！　理由は分からないが（原因を突き止められれば、きっと博士号をとれるだろう）、この仕事をしているとガレージの話をよく聞かされる。その言葉を耳にするたび、これは面倒なことになりそうだと思うのだ。１度ガレージに出かけると、誰一人としてそこから――少なくとも前と同じ心境では――戻ってこない。

悪名高いそのガレージが、今度は何をしでかしたのかと思いつつ、私は先を促した。

「ガレージの整理をしたんです。使わなくなったおもちゃやスポーツ用具が山ほど置いてあり、夫の工具箱もあります。ガラクタだらけでした」

ガレージとはそういうものだ。整理するというのも、悪くないアイデアかもしれない。

「言っておきますが、私は１度やり始めたことは最後まで終わらせたいタイプです」デボラはそう言って、物問いたげに私を見た。「これって良いことですよね？」

私はためらいながらうなずいた。「そうかもしれません……」

彼女は続けた。「昼ごはんを食べてから取り掛かりました。1時頃です。1時間くらいで終わらせると言うと、夫も手伝ってくれました」

午後3時、デボラはガレージにいた。

午後4時、デボラはまだガレージにいた。

午後5時になっても……皆さんのご想像通り、やはりガレージの中だった。

結局4時間以上をそこで過ごした。掃除と整理整頓に夢中になり、止められなかったのだという。捨てる物を選別するつもりが、気づくと昔の手紙を読み返し、古い洋服を吟味《ぎんみ》し、黄ばんだ本を読みふけっていた。さらに、色々な箱を引っかき回した後で棚があることに気づき、その棚を分解することにした。掃き掃除も必要だ。加えて、屋根の垂木にリスの巣が見えた気がして、よじのぼって確認した。

ガレージでやり遂げた事を次々数えあげながら、彼女はこう言った。「**私は、やりだす《ゴー》と止まらない《ゴー》タイプなんです。**動きだすと止められない。あれもこれもやらなくちゃ、と思ってしまって」

それは構わないが、そのせいで他の大切な用事を片付けられないのは困る。ガレージにこもっている間、他の家事や約束、親としての務めなどを忘れ去ってしまったのだ、と彼女は告白した。スニッカーに餌をやることさえ、忘れていた。

これが1度きりの出来事なら、問題にならなかっただろう。だがデボラいわく、同じことが「しょっちゅう」起きているという。

具体的には何が問題なのか。これまでに紹介した「思考を整理する法則」を振り返ってみよう。

法則１　動揺を抑える。

これは十分実行できているようで、デボラは取り乱してはいない。自分が用事をやり終えられないことに対し、確かに当惑し多少苛立っているが、全体的に感情状態は非常に安定的で統制がとれている。

法則２　集中力を持続する。

これにも問題なく、ガレージの整理というひとつの活動に集中できている。彼女の問題は、その次のステップにある。**それはすなわち「法則３　ブレーキをかける」だ。**

ブレーキをかけるとは「抑制制御」を行うことだ。抑制とは一般に、感情の自由な表現や自発的な行動ができず抑圧された感覚（内気な子どもが、厳しい教師の前で自己主張できないなど）を指す言葉だが、それとは全く無関係である。

ここでいう抑制とは、注意力を制御またはコントロールする能力を意味する。ＡＤＨＤ患者をはじめ抑制が苦手な人は、ある活動がもはや効果的（または生産的）でなくなっても途中で止められず、立ち止まって考えることなく突き進んでしまう。

デボラが自分を「やりだす《ゴー》と止まらない《ゴー》」と評したのも、うなずける。心理学者が抑制制御能力を調べるためによく使う認知課題のひとつは、「ゴー／ノーゴー課題」と呼ばれ、被験者は「ゴー（やる）」シグナルが出た場合は反応し、「ノーゴー（やらない）」シグナルが出た場合は反応を中止しなければならない。

デボラにはやり続けるだけでなく、行動を中止する練習が必要だった。職場や家庭でもっとデキる人間になりたければ、私たちにも同じことが求められる。

行動を抑制できない人たち

思考や体にブレーキをかける能力、すなわち、混乱とトラブルの迷宮につながる行動を抑制する能力は、頭の中が整理された人のひとつの特徴である。

高級車には性能の良いブレーキが欠かせないのと同じで、デボラの場合、いったん立ち止まって考え、片付け終わっていないガレージを離れて、もっと急ぎの用事に取り掛かる必要があった。

人間は抑制を通じて周囲に適応し、今やる必要がない行動を中止できる。これにより、環境の変化に直面しても、思考を整理し状況をコントロールする能力が一層強化される。

ＡＤＨＤや認知面の問題を専門に扱う研究者によると、抑制とは、脳が十分に機能を発揮する上で不可欠な自己制御的な活動だという。ＡＤＨＤの第一人者ラッセル・バークレー博士は、自己制御能力の欠如をＡＤＨＤの重要な特徴とみなしている。博士は、ＡＤＨＤ患者に見られるこの能力の欠如を、次のように説明している。

反応抑制や衝動制御、満足を遅延させる能力の欠陥は多くの場合、遊びや会話の最中や列に並んでいる間に自分の順番を待つ、自分の行動がもはや効果的でないと判明した時点で素早く反応を中止する、作業中の余計な刺激に抵抗する、短期的な小さな見返りより、長期的な大きな見返りのため努力する、その場の状況に応じて反応を抑制するといった、行動を起こす前に立ち止まって考える能力の欠如として指摘される。

ＡＤＨＤでなくても、日常生活の様々な場面で心身にブレーキをかけられない事例を目にすることができる。

バークレー博士は子どもの行動を取り上げているが、大人の場合も抑制制御の欠如が驚くほどに多様な形であらわれる。ドーナツ屋ですぐに自分の注文を聞いてもらうため、列に割り込もうとする人、自分の意見を真っ先に聞いてもらおうと絶えず話の腰を折る人、渋滞に苛立ちクラクションを鳴らしたり、信号が待てず衝動的に方向転換して抜け道を探すドライバー（結局は信号が変わるのを待った方が早いのに）。彼らは皆単に、動き続けたいという衝動を抑えられないのだ。


時には、何も行動を起こさないのが一番ということもある（たいていの人は、手痛い経験を通じてこの教訓を学ぶ破目《はめ》になる）。1〜2分列に並べば、どのみち温かいコーヒーとマフィンにありつける。相手の話を最後まで聞いた方が、向こうもこちらの主張に耳を傾ける気になる。信号が青になるのを待った方が、おそらく早く家に帰りつける。


周囲からの拮抗する要求を退け、自分の反応を制御し、満足を先送りにする能力は、成功に欠かせないもうひとつの重要な要素なのだ。

だが多くの人が、同じ罠《わな》に陥り続けている。

デボラがガレージで長い午後を過ごしたように、たとえ冷静さを保ち集中力を維持できても、本当にやるべきことを意識にとめておかねば、一番大切な用事を終えられないおそれがある。デボラの場合、本人の能力の高さを考えればこれは不思議かもしれない。彼女のような人間が、どうして混乱に陥ってしまうのだろう。

脳のブレーキが果たす2つの役割

その理由を知るため、抑制（行動しないこと）を科学的に分析してみよう。前述のように、認知科学的研究から、効果的な抑制にはいくつかのプロセスが関与すると考えられる。「思考を整理する法則」は積み木と同じで、ある法則を土台として以後の法則が積み重ねられていく。

このプロセスでとりわけ重要なのは、前章で取り上げたように、目標志向型の注意を最高の状態で発揮するため、作業に集中して余計な刺激を排除する能力（無関係な刺激に邪魔をさせない能力）である。

走っている車を停めるには、まず潤滑油をさした整備済みの、バランスのとれたブレーキが必要になる。脳にも高性能なブレーキが備わっていれば、気を散らす様々な要因に冷静に対処していける。その中で、脳内のブレーキ機構は次の２つの役割を果たす準備を整える。

・ある刺激に対して、当然期待される反応を抑制する
・反応し続けることをやめる

これが優れた抑制制御の2つの側面である。それぞれを詳しく見ていこう。

ひとつ目の状況では、前に反応したことがある状況に対し、今回は反応しないよう求められる。たとえば友人から電話がかかってくる。「もしもし、私いま仕事を抜けられなくて。悪いんだけど、サッカーの練習に行っている娘のお迎えをお願いできるかしら」

反射的に「いいわよ」と答え、車の鍵をつかんで出かけそうになる。

だがデキる人なら一瞬止まって考え、とっさに行動することはせず、今日は練習時間が延長だからまだお迎えまで1時間ある、と友人に伝えて時間とストレスを軽減できるだろう。

これこそまさに、抑制制御が上手く機能していない時に私たちが日々繰り返し直面する、ささいな問題なのだ。この種の問題が時間の無駄や苛立ち、無用なストレスを生み、デボラのように深刻な打撃を受ける場合もある。

ふたつ目の状況では、今度は何かやっている最中に反応を抑えるよう求められる。何かの動

作や行動をしている途中で、急にそれを中断しなければならない。

たとえば仕事中に重要書類をファイルに整理していると、新入社員が寄ってきて、新人特有の客観的な視点でカチンと来るが的を射た指摘をする。「うわ、まだファイルキャビネットなんて使ってるんですか？」と大学を出たばかりの新人が、嬉々としてたずねてくる。「すごく前世紀っぽいですね。ペーパーレス化が終わってないなんて、驚きました」

デキる人間は、素早くこの状況に対応する。思わずこのヒヨッ子に年齢を聞きたくなり、「仕事は大人に任せて、きみはレディ・ガガでも聞いてたらどうだい」と嫌味のひとつも言いたくなるのをぐっとこらえる。「長年このやり方で問題なかったんだ。何が悪いんだい」と言い訳めいた発言をするのも控える。脳内のブレーキが、そんな言葉を口にしそうになるのをしっかり止めてくれる。

代わりにデキる人間は、理性と冷静さと集中力を保って「前世紀的な」作業を中止する。この新人の指摘ももっともだ、こんな作業は非効率的で現代のオフィスには似合わない、と考える。文書をスキャンする方法を覚えて、ついでにこの新人を仲間に引き入れてはどうだろう。

そこで、大人の分別をもって抜け目なくこう提案する。「僕の業務経験と、きみのハイテクな知識や新鮮な視点を活かせば、もっと職場を改善できるんじゃないかな。来週、具体的な方法を話し合おう」

こうした一連の行動は、単に的確な判断をしているだけに思えるかもしれない。要するに、「余計なことは言わない」「油断しない」「転ばぬ先の杖」といった、昔ながらの金言に従えばよいということだろうか？　それも一理ある。

こうした警句は、現代脳科学で「抑制制御」と呼ばれる複雑なプロセスを直観的に捉えたものであると同時に、人生にはこの種の抑制が必要な場面が多々あるという事実をも教えてくれる。どんな呼び方をしようと、このプロセスは私たちの生き方や働き方、日々のスケジュール管理に深くかかわる実に人間的な現象なのだ。

抑制こそが最も重要な機能

抑制制御はどれくらい重要なものなのだろう。

著名な神経心理学者ジョゼフ・サージェントを中心とするオランダの研究者グループは、近年行った研究で、ＡＤＨＤ成人患者とＡＤＨＤではない成人に対し一連の認知テストを実施した。

両群間で最も大きな違いが見られたのは抑制を伴う課題で、ＡＤＨＤ患者の方が成績が悪かった。ＩＱや性別との相関性は見られなかった。この研究は、ＡＤＨＤは自己制御能力の障害であるという考え方を裏付けるものだ。

混乱や無秩序に悩まされているＡＤＨＤの人から学べることが多々あるというのが、本書の趣旨である。これを踏まえると、抑制こそがＡＤＨＤの根本的な欠陥と考えられる以上、抑制制御は、デキる人間を目指す上で考慮すべき重要なプロセスである。

だが抑制制御の能力はどこに由来するものか、あまり分かっていない。カナダの研究グループが『アメリカン・ジャーナル・オブ・サイキアトリー』誌に近年発表した研究によると、両親の抑制能力から子どもの抑制制御能力を予測できるという。現時点で、遺伝子や環境が抑制制御の欠陥に与える影響は分かっていない。

すなわち、この欠陥が遺伝的なものか、それとも周囲の人や環境が原因で抑制制御の能力が低下するかは不明である。これは興味深い問題であり、自分の脳内のブレーキの効きが悪いのを両親のせいにしたい人は、そうすればいい。

だが抑制制御が苦手な原因が何であれ、ＡＤＨＤ患者とそれ以外の人を対象とした昨今の研究が示すように、この能力を高めることは可能だ。

この研究では、被験者に抑制制御能力を評価する一連の課題を行わせた。その際、神経画像検査を用いて、ADHD成人患者と対照群の脳の活性パターンを調べた。課題を実施している最中、ADHD患者の脳内では、制御能力の欠如を補うため別の部位が活性化していた。**ここから、ADHDなど障害がある人でも、抑制制御が必要な課題を実行できる（少なくとも、実行しようと努力できる）ことが示唆される。**

思考や行動にブレーキをかけるプロセス

抑制能力をめぐる研究には、誰も歯止めをかけられないようだ。脳科学者や精神医学専門家が、本書で扱う整理能力や段取り力などを含め、健康な人間の行動全体を理解する上での抑制制御の重要性を理解するに従い、この分野が研究の焦点として浮上しつつある。

では、このプロセスがどんな形で研究されているのだろう。一般には、思考や行動にブレーキをかける必要がある課題が使用される。よく使われる2種類の課題には、「ゴー／ノーゴー課題」「ストップシグナル課題」という分かりやすい名前がつけられている。

これらの課題では、被験者はパソコン画面に向かい、次々に表示されるノイズや画像に反応しなければならない。集中力や抑制制御など、特定の脳機能の状態を測定するために簡単な指示が与えられる。

ストップシグナル課題では、被験者は出来る限り速く標的を見つけねばならないが、いわゆるストップシグナルが出たら反応を中止する。ストップシグナルはランダムに出されるため、当然ながらぎりぎりの時点で――手がボタンに乗っていて、数ミリ秒でボタンを押せる状態にある――信号が出されると、それだけ反応抑制がむずかしくなる。健常な人が反応を中止するには、一般に約２００ミリ秒の時間が必要になる。

試験を受けていると、被験者は「反応する……反応する……反応する……反応する……ストップ！」という風に指示を受けるわけだ。たとえるなら「ああ、これでいいよ素晴らしい、ありがとう」と言っていた上司が突如手のひらを返し、「いやこれじゃない。全然違うよ」と文句をつけだすようなものだ。

ゴー／ノーゴー課題も同じような抑制制御のテストで、被験者はパソコン画面に表れる特定の文字（ゴー刺激）に素早く反応するが、別の文字（ノーゴー刺激）が表れた場合は反応を中止する。これは、反応の開始前または反応の途中で、被験者が行動を中止する（または抑制する）能力を評価するテストである。

子どもの頃にやった「赤信号、青信号」の遊びを思い出してほしい（訳注　日本でいう「だるまさんが転んだ」に似た遊び）。友達とスタートラインに並び、掛け声をかける役の子が「青信号」と叫ぶと、自由に前に進める。その子が「赤信号」と叫ぶと、その場でピタリと動きを止めねばならない。中には、止まろうとして転んだり、体がピクピク動いたり笑いだす子がいたのではないだろうか。掛け声に即座に反応し銅像のように動かなくなる子もいれば、掛け声を無視して突き進んでしまう子もいる。

先ほどあげた2種類の認知課題はこの遊びに似ていて、前に進む（ゴー）だけでなく、素早く効果的に停止（ストップ）できる人が勝者になる。

「ゴー信号」と「ストップ信号」のレース

研究ではこの認知課題と神経画像検査を併用して反応を中止する能力を測定し、この能力を司る脳の部位の活動状況を把握する。様々な神経画像検査を用いた研究から、抑制に不可欠な特定の脳内回路の存在が明らかになっている。反応を上手く中止するため、脳のある部位から別の部位（前頭皮質や基底核など）に信号が伝達される。動機付けや感情など、それ以外の要因が抑制にどう影響するかについても、研究が進められている。

この抑制プロセスを競馬にたとえる研究者もいる。

2頭の馬がゲートを飛び出し、コースを疾走していく。1頭はゴー信号を乗せ、もう1頭はストップ信号を乗せている。行動を続けるか中止するか判断に迷う状況が生じると、このレース（神経プロセス）が始まる。

午後6時、仕事を終えて帰宅しようとした矢先、オフィスの電話が鳴り響く。発信先は知らない番号だ。この電話に出るか出ないか、悩ましい選択だ。良い知らせかもしれないが、家に帰る途中で今夜の夕食を買っていくと妻に約束している。明日でもいいか、それとも今電話に出るべきか。脳内でレースが始まる。ゴー信号の馬がスタートダッシュをかけ、あなたは電話に手を伸ばす。だがもうひとつの神経回路（ストップ信号の馬）が追い上げてくる。それぞれの回路が、違うメッセージを運んでいる。

「ゴー。誰からの電話か知りたいだろう？」あるいは「ストップ。今電話に出て長引いたら、家族の夕食の予定が狂ってしまう。用件は明日聞けばいい」

2頭の馬は肩を並べている。このレースに勝つのはどちらか。最終コーナーを回り、ゴールはすぐそこだ。このレースの勝者は……。

勝者を決めるのはあなた自身だ。だがある意味でこれは、抑制制御をするかしないかという、脳内回路を伝わる2種類の信号どうしの競争でもある。

デキる人間になりたければ、ストップ信号に従うことを覚えねばならない。とはいえ人生は複雑で、状況に応じて簡単に中止できる場合とそうでない場合がある。

たとえば、仕事では簡単にノーを言えても、人づきあいの中で何かを断るのはむずかしいかもしれない。またその時の感情に左右されることもあり、その場合どちらが勝つかは動揺の程度による。だから、ゴーと判断して後悔する破目になっても自分を責めてはいけない。

抑制制御の勝ち負けは、たった1度のレースで決まるわけではない。長い目で見て抑制能力をどう操るかが問題なのだ。

日常における抑制の複雑な問題

ここまでは、被験者に刺激に反応する認知課題を行わせ、脳の活動を画像で観察してきた。今度は研究室の管理された環境から外に出てみよう。

私たちは職場で1日中刺激に反応し、帰宅後も周囲からの刺激にさらされている。だが人生は、認知課題のストップ／ゴー信号より複雑で、パソコンに表示される信号よりもはるかに強力な刺激に対して、反応を抑制するよう迫られる。

アリゾナ州立大学の研究者グループは、野球のバットを振るという複雑な課題を行う際の抑制制御を調査した。

バッターボックスに立つあなたに向かい、ピッチャーが振りかぶってボールを投げた時、どんな認知スキルが必要か考えてみよう。球がホームプレートに近づいて来る。ホームランを打てそうな球だが、バットを振るか？　いや、まだだ。最後の最後にボールが落ちてストライクゾーンの外に出るかもしれない。逆に少し高めの球かもしれない。ボールが来る。バットを振るか、スイングを止めるか、ハーフスイング（ボールだと判断したら途中で動作を止める）するか？

バットを振るという、研究者によれば「複雑で多段階から成る」行動を扱った興味深いこの研究は、私たちの日常生活も野球に似ていると気づかせてくれる。

人生は単純なストップかゴーかの２択ではなく、長いタイムスパンで打席に立つようなものだ。ハーフスイングもあれば、ヒットも空振りもある。ためらい、状況を見極め、行動を起こす場合と起こさない場合の利点と欠点を素早く計算する。

このプロセスは変化を伴い、新たな情報が手に入ることもある。バッターの場合、ピッチャーの視線やモーション、突然吹いてきたそよ風、三塁コーチのサインといった情報が得られるかもしれない。誰もが、行くか行かないかの判断材料になるこうした信号を受け取っている。

たとえばオフィスで電話が鳴る。とろうとすると通りがかった同僚が忠告する。「出ちゃダメだ、あの厄介なクライアントからだよ。さっき僕のところにもかかってきた。どうせ、きみにできることは何もないよ」あなたは、思わず動きを止める。この信号に反応した方がいいのか、なぜ彼はそんな忠告をするのだろう。本当に電話の主はそのクライアントだろうか。受話器をとるべきか、とらないべきか……。

バッティングの研究から、抑制制御は必ずしも単純明快な問題ではないことが分かる。野球のたとえを使えば、ボールかストライクかの2択ではない。複雑で込み入っているかもしれないが、様々な信号に注意を払いそこから学ばねばならない。状況の変化に柔軟に適応する必要もある。同じ状況で以前「ゴー」を選択したからといって、次もそれが正解とは限らない。

ストップかゴーか。電話に出るか無視するか。バットを振るか振らないか、振りかけて途中で止めるか。ブレーキを踏むかアクセルを吹かすか。

どんな形で捉えようと、多忙な日常を乗り切るには、反射的に作業に取り掛かるのはやめて、

冷静に考え性急な反応を避ける能力が欠かせない。

そのためにはどうすればよいか、見ていこう。

メグ・コーチのアドバイス　感情と理性をコントロールする

人間は衝動に負けると、注意を引く刺激に無条件に感情的に反応し、選択肢を考えたり慎重な判断をすることなく行動に走ってしまう。

脳の仕組みは複雑だが、確実にいえることがひとつある。**それは、衝動に気づいて思考プロセスを働かせ、感情が発する信号を評価して刺激にどう反応するか意識的に選択する先天的、後天的な能力には、人それぞれに個人差があるということだ。**

感情的知性（ＥＱ）の研究から、感情の自己制御――最も生産的な形で自分の感情をコントロールし、感情を読みとき導く方法――について多くの知識が判明している。感情を意識しそれを管理する能力は、人によって大きく異なる。

抑制能力が低い人は、衝動に駆られてクッキーを食べ過ぎる、電話やメールで注意散漫になる、すぐ他人の挑発に乗って逆上するなど不健全な選択をすることが多い。

疲れや空腹、ストレス、エネルギー不足などでも、心のブレーキをかけて感情や行動を抑制する能力は低下してしまう。強い感情や無力感、絶望感に支配されると、完全に抑制能力が消え失せてしまうこともある。では脳にしっかりハンドルを握らせ、感情を尊重しつつ最善の選択をするにはどうすればよいのだろう。

思考と感情の力を合わせる

本章前半で、ハマーネス医師は競馬を例に出して脳内のゴー／ストップ回路を説明した。脳内回路や衝動を管理し、デキる人間を目指す上で重要な点を明らかにするため、もう1度競馬場のコースに戻ることにしよう。

思考と感情が、世界一流の騎手とその馬のように一丸となって力を合わせるのが理想的だ。騎手（思考）は巧みに存在感を発揮し、馬（感情）の要求を察知してその才能を最大限に引きだすよう配慮する。馬も騎手の敬意と配慮を感じとり、自分が主導権をとったり反抗したりせず、勝ちたいという騎手の思いに応えて見事な走りを見せる。

考え過ぎて脳内のブレーキを踏みっぱなしの状態は、たとえるなら手綱を強くひき、速く走りたがる馬を抑える騎手のようなものだ。逆に理性のたがが外れ感情に支配されると、騎手からの指示も制御も受けずサラブレッドが暴走してしまう。思考は騎手のように常に鞍《くら》にまたがり、時には手綱を引き締め理性のブレーキをかけつつ、優しく敬意と思いやりをもって感情に働きかけねばならない。

子どもが部屋を散らかし放題にしている、ティーンエイジャーの娘との会話を想像してみよう。娘は、携帯電話が見つからずイライラしている。部屋の乱雑さを見ればそうなるのも当然だ。もう数え切れないほど何度も、部屋を片付けるよう言ってきた。それが今日、娘の部屋に足を踏み入れると、相変わらず散らかっているだけでなく、昨夜帰宅した際にあった携帯がなくなったと泣いている。

思わずカッとなり怒りを抑えられなくなる。辛辣《しんらつ》な言葉を浴びせたくなる。「何度言ったら分かるの。一体何を考えてるの。こんなに汚い部屋で携帯が見つかるわけがないでしょう。それなのに、新しい服はどんどん買ってモノが増える一方じゃない。こんな無責任な態度にはもう我慢できません」

けれど待ってほしい。手綱をしっかり引くのだ。今、騎手（脳内の思考を司る部位）が冷静にブレーキをかけた。ここで、自分の感情と簡単な意見交換をする必要がある。「確かに腹が立つし、あの子には片付けろと言ってきた。でも今まで叱りつけて上手くいった試しはないし、今度も上手くいかないだろう。むしろ娘との関係が悪化するだけだ。この子はもうすぐ大学生になり家を出ていく。あなたは、愛情ある頼りになる母親として娘の記憶に残りたいか、それとも小言ばかり言う親という印象を植えつけたいのか？　今は口をつぐみ、一緒に携帯を探してあげよう。後でお互い冷静になってから、この問題を話し合えばいい」

ただし、自分の感情を認めず、胸にわだかまりを残したまま衝動にブレーキをかけてはいけない。無機質なロボットになる必要はないのだ。**衝動は敵ではなく、慎重で自制心に富んだあなたを助けてくれる、独創的で野生味あふれる仲間のようなもの。**騎手と馬のように、成果をあげるにはお互いの存在が欠かせない。

理性と感情を対話させる

騎手は馬と会話できない。だが脳の思考を司る部位と感情を司る部位は、特に興奮状態にあるときは頭をつきあわせて相談できるし、そうする必要がある。

ハマーネス医師の大好きな場所、ガレージに行ってみよう。ガレージを片付けたいが他の用事があるため、1時間だけ作業することにする。けれどいったん取り掛かると、随分長い間ガレージをほったらかしにしていたせいで、余計なモノが大量にたまっていることに気づき、憂鬱な気分になる。その沈み込んだ感情が、こんなメッセージを送ってくる。

感情　ガラクタにはもううんざり。こんな気分から解放されるため、作業を続けて全部きれいに片付けたい。そうすれば、気分も良くなるだろう。

理性　気が滅入るのはお気の毒。一度に全部片付けたいという気持ちもよく分かるよ。でも現実的にならなくちゃ。きれいに整理するには、あと何時間もかかる。何度かに分けた方がいいだろう。だから今は1時間だけにして、ある程度きれいになったらよしとしないか。そして、今日予定していた他の大切な用事に取り掛かるんだ。そうすれば今夜、他の用事を放り出して片付けに精を出したのに、ガレージはまだ理想にほど遠いと落ち込むこともなく、1日の成果に満足できるはずだ。

感情　的確なアドバイスをありがとう。さすがお利口さんは違うね。でもガレージの片付けが進まなければ、僕はとても満足できそうにないんだ。

理性　まあそうカリカリしないで。こうしたらどうだろう。今日寝る前に、今の僕たちの会話を思い出してみる。僕たちは正しい判断をしたと、念押ししてあげるよ。その頃にはガレージの掃除も多少進み、他の用事もちゃんと終えているはずだ。ある意味、ガレージに専念する以上に大きな結果を出せるんじゃないかな。そのときどんな風に感じるか、想像してみてよ。

感情　それもそうだな。分かった、今はガレージを離れて他の用事に移ることにする。それから……こうやって君と話せてよかったよ。今後はもっと話す時間を作ろう。

自分を知る

すでに皆さんもお分かりのように、デキる人間への近道のひとつは、上手くいかない場面や状況への意識を高めることにある。**その時の自分の心の動揺、集中力、（本章で扱った）ブレーキをかける能力などのパターンを見つけることが、新たな習慣を身につけるための重要なステップになる。**

2～3日日誌をつけ、理性を働かせず衝動的に反応したときの状況を書きとめよう。何が引き金になり、あなたは理性を働かせずどんな行動をとったか。多少は考えたが、思慮が足りなかったのか。自分がどれくらい衝動的か、いつどんな場面で衝動を無視できたか時間をかけて考えることが、感情的な衝動を上手に抑えられるよう脳を鍛えるための第一歩になる。

職場では衝動を抑えられるが、妻（夫）や子どもとの厄介な会話では衝動に負けがちな自分に気づくかもしれない。あるいは、一部の同僚があなたの能力の低さを遠回しに揶揄《やゆ》するせいで、理性のブレーキがきかなくなり思わず衝動的に反応していることが分かるかもしれない。そんな人たちは、いわばあなたの「反応を引き出す」方法を熟知しているのだ。

そんなときは、対抗するよりブレーキの踏み方を覚えた方がいいだろう。**月曜の朝は衝動を抑えられるが金曜の午後は駄目など、別のパターンが明らかになる場合もある。**それに気づけば、次の金曜日はもっと賢く振舞えるかもしれない。

衝動を抑える能力はいつも安定しているわけではない。変動のパターンに興味を持てば、改善のヒントやどんな場面で取り組みが必要かを知る手掛かりが得られるだろう。

運動、睡眠、栄養でエネルギー不足を防ぐ

車がガソリン切れで、いわば心身ともにエネルギー不足の状態だと、理性のブレーキがかかりにくい。**基本的に人間は、十分な睡眠をとり朝食を終えた、朝の時間帯に思考と感情を最も巧みにコントロールすることができる。**一番上手くいかない時間帯は、心身ともに疲れ切った1日の終わりである。

脳はエネルギーを蓄えられないため、血糖値が低下すると脳も燃料不足に陥る。食事のたびに良質なタンパク質を摂取し、血糖値を一定に保つようにしよう。炭水化物を大量にとると、

血糖値が急上昇し脳へのエネルギー供給が不安定になるため注意が必要だ。

私自身は、衝動を抑える一番の方法は運動だと思っている。激しい運動でなくとも、5分間体を動かすだけで感情が穏やかになり、衝動に対処しやすくなる。

その次におすすめするのが、夜ぐっすり眠ることだ。十分な睡眠により、脳は情動処理という役目を果たすことができる。運動と睡眠には感情鎮静・活力増進効果があることが、いくつかの研究で確認されている。

迷ったら散歩に出るか、とりあえずその夜は寝て、翌朝あらためて考え直してみよう。

日常のピンチを訓練として活かす

エンジンが停止した飛行機をハドソン川に着水させ、155人の命を救った有名なパイロットを覚えているだろうか？　寒さ厳しい2009年1月15日の朝、この偉業を成し遂げたUSエアウェイズのチェズレイ・B・サレンバーガー機長（愛称サリー）の脳裏を何がよぎったか想像してみよう。

彼は様々な衝動を抑え、自分と乗客乗員の命が危機にさらされているという、思考を麻痺させる不安や恐怖にブレーキをかけて、冷静に対処すべく自らを奮い立たせたのだ。

余計な刺激を締め出すという点でも、サリーは極限状況でそれが可能であることを示してくれた。

実際、時には極端に強い衝動により自分の能力を最大限に発揮するよう迫られ、かつてないほど抑制能力が高まることもある。ここ数年で最も有名な例のひとつがサリー機長だが、救急救命室で働く医師や看護師、消防士、警官、兵士など、緊急事態に対応する多くの人が、衝動抑制の優れた手本を見せてくれる。

けれど、川に飛行機を着水させたり、戦闘中に小隊に指示を出したり、救急救命室で働くだけの冷静さがないからといって、自分を低く見積もってはいけない。

皆さんがピンチや危険を切り抜けた経験があるなら、その場面では普段より巧みに衝動に対処できた記憶があるのではないだろうか。一度も実際に試したことがないだけで、誰にでも衝動を抑える能力は備わっている。だからといって、わが身をわざわざ危険にさらす必要はない。

ここでお伝えしたいのは、大抵の人は自分が思う以上に上手に衝動を抑制できるということだ。**泣きわめく子ども、無礼なショップ店員、配慮に欠ける同僚など、日常生活で出会う小さなピンチが、衝動抑制の能力を育てるための試練になる。**この挑戦を受けて立とうではないか。皆さんならできるはずだ。

自分なりのブレーキのかけ方を見つける

数年前、私はフリーのジャーナリストだという女性のコーチングを担当した。彼女は、高圧的な上司との関係が原因で感情の爆発に悩まされていた。厳しい締切に間に合わせるため、腰を据えて記事を書き始める。順調に筆を進めている最中に上司から電話が入る。上司はたいてい苛立ち興奮した様子だ。電話を切ってから1時間ほどは、上司にああ言ってやればよかったという思いで頭が一杯になり、余計な感情が仕事の邪魔をする。頭に血がのぼっているので集中できず、生産性も独創性も発揮できない。自分が苛立ちの波にもまれる小舟になった気分で、どこにもたどりつけない気がする。

私は彼女と一緒に、次の3つのステップを練習するため「ABCプロセス」と名づけた方法を考案した。

1 意識（Awareness）

上司に折り返し電話をかけ、一言文句を言ってやりたいという衝動に駆られたら、広い心でその衝動を見守る（上司をギャフンと言わせたいと感じたことに対し、自分を責める必要はない)。

2 深呼吸(Breathing)

何度か深呼吸し(意識を肺に向ける)、自分の腹立ちを認めそれに共感する。

3 選択(Choosing)

上司に言い返したい衝動やその衝動が生みだす非生産的な感情の反芻に、意識的にブレーキをかける。自分が感じた怒りには、後で注意を向けることにする。彼女は結局、時間を作って上司に自分の要望を伝える手紙を書き、部下への接し方を変えるよう求めた。これを機に上司と何度か対話を重ね、より生産的な関係を築けた。

感情的知性のトレーニングには、これ以外にSOTPというツールが使用される。これは「1歩離れて考え、頭の中を整理してから先に進む(Step back, Think, Organize your thoughts, then Proceed)」または「いったん立ち止まり、リラックスして心を開く(Pause, Relax and Open)」の頭文字をとった名称で、内容的にはABCプロセスと非常によく似ている。

どんな呼び方をしようと手順そのものは同じだ。**衝動に駆られ感情に支配されたら、怒りで顔を歪めたり不安に身をすくませる代わりに、自分の感情を受け入れよう。**心の声が伝えようとしていることを理解するのだ。意見を述べ自分の立場をはっきりさせてくれた感情に感謝し、理性と相談して最善の選択をしよう。

衝動と向き合い仲良くする

私は、人間は誰でも次の2つの陣営いずれかに気持ちが傾くものだと考えるようにしている。ひとつ目の陣営は、今この瞬間を楽しめばいいというお気楽派だ。彼らは大らかで独創性にあふれ、衝動の導くままに生きる。裸で湖に飛び込みたい？　いいね、やろうじゃないか。焚火でマシュマロをあぶって、一晩中起きていたい？　ぜひそうしよう！　彼らは未来のことなど心配せず、周囲の誘惑に身をゆだねる。

これに対峙する陣営は真面目派だ。彼らは先を見据えて薪《まき》を蓄え、よく考えてから行動を起こす。お気楽派が今を楽しむキリギリスだとすれば、こちらは働き者のアリのようなものだ。はるか未来のご褒美にありつくためなら、衝動がもたらす目先の享楽《きょうらく》など喜んで手放す。

多くの人は2つの派閥の間を行き来して暮らしている。普段は衝動を抑えるが、時々衝動的に何かしたいという欲求に駆られる。**大切なのはその衝動自体を認めた上で、果たして衝動に応じるか、いつ誘惑に身を任せるかを判断することだ。**たまにアイスクリームを食べる、１〜２時間仕事を抜けて友人に会う、奮発して高いセーターを買うなど。

時にはブレーキから足を離そう。といっても、医師から厳しい食事制限を指示されている、友人に会うには重要な会議を欠席しなければならない、金欠でセーターを買う余裕がないといった場合には、当然おすすめできないが。

お気楽派に加わりたいという欲望が、心のドアをノックすることも多い。出ておいで、水の中は気持ちいいよ！　心配いらない、楽しもうぜ。**たまには自分を甘やかし、ブレーキから足を離して特別なことをしよう。**

こうした衝動にドアを閉ざしてはいけないが、衝動に流されるままはしゃぐのもよくない。たとえば、あなたが職場でとある同僚に閉口しているとする。奴には本当にイライラさせられるのだ。だがブレーキをふむ（ハマーネス医師のいう抑制制御）とは、その感情を完全に抑えつけることではない。ないがしろにされた感情がいずれあなたに牙をむき、同僚でなく妻や子どもに不当な八つ当たりをしてしまうかもしれない。

他方で、同僚に一言いいたいという衝動に駆られて軽はずみな行動をとれば、間違いなく事態が一層ややこしくなるだろう。

理性の声に耳を傾け、経験豊富な騎手に手綱を引かせよう。あなたには、衝動に流される以外の方法で目的を遂げる機会があるかもしれない。相手への不快感を伝える絶好のチャンスが訪れる可能性もある。頭の中の騎手に相談すれば分かるように、このレースは長期戦なのだ。

そもそも、生活を整理するために努力する中で、本書の読者が見据えているのは未来である。**自分の衝動と向き合うことで、今を生きるか未来のために生きるかという創造性に富んだ緊張が人生にもたらされる。**

心の声に耳を傾け、意識的に衝動に従わなければ、今日を十分楽しむことはできない。その一方で、より良い未来に投資すれば、明日はさらに明るいものになるだろう。

思考を整理する６つの法則

③ブレーキをかける

外部からの刺激に対する反応と衝動を抑制する、脳のブレーキ機構を使いこなすことで、やるべき作業に集中できる。人間は抑制を通じて周囲に適応し、今やる必要がない行動を中止できる。

具体的にどうするか

▷思考と感情の力を合わせる
▷理性と感情を対話させる
▷自分を知る
▷運動、睡眠、栄養でエネルギー不足を防ぐ
▷日常のピンチを訓練として活かす
▷深呼吸などの自分なりのブレーキのかけ方を見つける
▷衝動と向き合い仲良くする

第6章

思考を整理する6つの法則④
——情報を再現する

フランクの場合

忘れっぽく落ち着きがない

初めて会ったとき、フランクはロックンロールの名曲『スイート・ホーム・アラバマ』の冒頭のメロディーとともに私のオフィスにあらわれた。

びっくりしたが、別に彼の入場曲というわけではない。携帯の着信音だったのだ。

スキンヘッドに入れ墨、口ひげを生やし針金のように細いフランクは、こちらに目を向け「やれやれ」といった様子で片手をあげ、もう一方の手で電話に出た。「もしもし」戸口に立ったままぶっきらぼうに応対している。「ああ、それはあいつの仕事ですよ。俺、今は取り込み中で……え、何ですって？　片付けてない？　ちゃんとあいつに言ったのに。分かりました、すみません。今すぐ対応します。折り返し連絡するんで」

彼は謝罪の言葉を矢継ぎ早に口にした。「先生、本当に申し訳ない。1本電話を入れないと」と言って番号を押す。

「もしもし、俺だ。ブルックリンの件だけど車寄せを片付けろって言わなかった？　土曜日に来客があるからって、確かに言ったよな……本当に聞いてないのか？」彼は大きなため息をついた。「なるべく早く現場に行って全部片付けてくれ。いいか？　あちらさんはかなりお怒りだから。よろしく」

さらにもう1本電話をかけようとして思い直し、携帯をベルトに戻した。「待ってもらいます。これが終わる頃には、どのみち片付いてるでしょう」

私はにっこり笑ってうなずいた。「はじめまして」と声をかける。

彼は腰をおろし、きまり悪げに弁解した。「先生すいません。こういう仕事なんで」

継ぎのあたった色褪《あ》せたジーンズに作業用ブーツをはき、ペンキが飛び散ったTシャツを着ている。

「当ててもいいですか、建築関係のお仕事ですね」

「ええ」と答えて、彼は名刺を差し出した。「記憶に残るフランク工務店。リフォームで生涯楽しめる家づくりを」と書かれている。

「素敵な名刺ですね」

「ありがとう。でも仕事はふるわなくて、特にこの景気じゃね。下り調子だよ」（注：本書では、フランクが実際に使った言い回しをそのまま引用している）

「では仕事のことで相談にいらしたんですか」と私はたずねた。

「いえ、妻に言われて」と彼は苦笑した。

「実はこないだラジオを聞いていたら、ADDだかADHDだかの話をしていて。その病気の人がどんな風かという説明をしていたんですが……」そこでフランクは、少し恥ずかしそうな表情を浮かべた。「それで……妻が『これってあなたのことじゃない、診てもらったら』と言うんで、ここに来たってわけです」

フランク自身にADHDという自覚があるかは分からない。ADHD患者の多くは薄々気づきながらも、何十年も診断を受けずに過ごしている。フランクは妻に促されて治療を受ける決心をし、長年彼の生活に支障をもたらしてきた問題に対処するため（ADHD患者のご多分にもれず）おそらくは衝動的に私のオフィスを訪れたのだ。

「おいで頂けて嬉しいです」と私が応じると、また携帯電話が鳴り始めた。彼は電源を切って詫びた。

「いつもこうなんです。仕事柄というか。実はうちの若いやつに、現場に置いてきたゴミ容器を片づけるよう指示するはずでした。さっきの電話はお客さんからで。土曜日に娘がパーティをやるのに、ゴミ容器がまだあるといってカンカンになっていて」

「では、あなたが指示を忘れたんですか」

彼はうなずいた。「ええ」

私はさらに一歩踏み込んだ。「そうしたことが原因で、今日ここにいらしたんでしょうか」

それを認めることが重荷であるかのように、フランクは座ったままわずかにうなだれた。

「妻と聞いたラジオ番組では、そういう人は〝注意散漫で忘れっぽく、落ち着きがない〟と言っていました。うわ、それ俺のことじゃないかって感じました」彼は、椅子の上で何度も姿勢を変えながら小声で笑った。「妻が、今日が予約の日だと3回念押ししてくれてよかった。そうでないと忘れていたでしょう」

作業記憶に問題があった

彼はこの問題を軽く考えていた。

深刻視しないのは良いことだが、実はこうした記憶力の問題は笑いごとで済まない。彼の場合、短期記憶（作業記憶）に問題があった。

作業記憶はいわば記憶と注意の相互作用であり、情報が視界から消えた後も一時的に脳内に保管し処理することで、私たちはその情報を未来の行動の指針として活用できる（いわゆる表象的思考)。作業記憶は、私たちが日常生活を乗り切るために必要な情報センターのようなものだ。これが機能しないと、様々な問題が起こりうる。多くの人がこの問題を「思考停止」「頭がボケた」、あるいは一時的に「ボーッとしていた」などと一蹴《いっしゅう》する。

確かに、特にストレスを受けると誰でも時に物忘れが起きる。だがフランクの作業記憶の欠落は、たまに起きる問題ではないという印象を受けた。きちんと確認しなければならない。

「ひとつ教えて下さい。部下への指示を忘れるといったことは、しょっちゅう起こるのですか」

「ええ、そのせいで先々週も大きな仕事を逃しました。キッチンと浴室の大がかりなリフォームで、お客さんと最初に電話で話していくつかプランを提案したんです。その後、別の用事を思い出して。それで電話で相談した内容を忘れちゃった上、見積もりを出しに行くと約束していた日に、お客さんのお宅に行くのを忘れた。何というか、完全に頭から消えてたんです」

「スケジュール帳はつけていますか、あるいはメモをとるとか」

「手帳は持っていたけど、役に立たなかった。昔は全部頭の中にメモしてあるからって自慢してたけど、今じゃジョークの種です。どんどん忘れちまうんで、どっか脳みそに穴でも開いてるんじゃないでしょうか」

「では昔は上手くやれていたんですか。以前は物忘れなどなかったと」

フランクは背筋を伸ばした。「先生、俺、記憶力はいいんです。子どもの頃のことや、高校時代、軍隊にいた頃のことを細かく覚えてます」そう言って笑いをこらえた。「いやあ、あの頃の愉快な話を聞いてもらいたいですよ……」

「昔のことを全部思い出せるのはいいですが、今はそれとは別の記憶が問題です。ここ数日間、いや数時間前やほんの数分前の出来事を覚えているかどうかです」と私は答えた。

「数分前だって？」

私は作業記憶とは何か説明した。「これまでそういった問題はありましたか」

「軍にいた頃に夜間の任務があって、暗さと疲労で自分の兵舎の場所を忘れたことがあります。結局、別の小隊と一緒に寝ました。面白いことに、次の朝、となりの奴が目をさまして〝お前誰だよ、頼むからこの兵舎から出て行って下さいよ〟と言うまで、誰も気づかなかった」（ここでも、彼の表現を正確に引用している）

フランクは、お気に入りのエピソードを披露して爆笑している。私は内心興味をそそられた。**彼は長期記憶を活用して、自分が短期記憶を失った経験を思い出すことに成功しているのだ。**

彼は、次の質問を投げようとする私をさえぎり、こちらに身を寄せて囁くようにたずねた。

「先生、俺まだ45だけど、アルツハイマーってことはありますかね」

私は以前にも、記憶に問題を抱える若者や中高年から同じ質問をされたことがある。

「家族の中に、若年性アルツハイマーになった人はいますか」

彼は顔をしかめて記憶をたどった。「いや。ばあさんは死ぬ前だいぶボケてたけど、90代後半だったから。老人ホームに入ってたはずです」

「あなた自身は、従軍中や子どもの頃から忘れっぽさに気づいていたんですね」

「ええ、その通りです」とフランク。「親は大変でしたよ。あちこちで何度も上着を忘れてきました。学校、公園、友達の家といった具合に」

「でしたら、認知症よりＡＤＨＤや作業記憶の問題である可能性が高いですね」

「何だって？　作業記憶、それは一体何ですか」フランクは混乱しているようだった。

「さっき説明しましたが……」

すると彼はまた笑い出した。「冗談ですってば。先生、どうぞ続けて下さい」

今度は、私が笑って頭を振る番だった。憎めない男だが、作業記憶の欠陥は笑って済ませるわけにいかない。「フランク、この問題を何とかすべきです」と私は真剣に訴えた。「作業記憶が改善すれば仕事の効率もあがるでしょう、だから……」すると、フランクが人差し指を上げて話をさえぎり、携帯電話に手を伸ばした。「たびたびすみません。電気技師に工事を頼んだけど、住所を伝えてなかったのを思い出しました」

記憶力には3種類ある

この章で紹介する法則は、「情報を再現する」だ。だがこの法則は実は、フランクが問題を抱えている作業記憶と関係が深い。

まず、私たち自身の記憶に間違いがないか確認しよう。

作業記憶とは、何年も前の記憶や分かりにくい数字や事実を覚える能力とは違う。それは、日常生活に欠かせない実用的な記憶だ。新たに仕入れた情報が目の前から消えても、その情報を脳内にとどめそれを処理する（いわば情報を再現する）能力なのだ。

フランクの例が示すように、この作業記憶の欠如が生活に無数の問題を引き起こすおそれがある。実際、それこそが自分は駄目な人間だと感じる理由のひとつなのかもしれない。

作業記憶は後で詳しく取り上げるとして、人間が持つそれ以外の記憶力も紹介しておこう。基本的に、どのような形であれ記憶力の問題は多くの人にとって危険なサインだからだ。私たちは、物忘れがひどくなり「頭がボケ」始めると、真剣に悩みだす。「これって認知症かも。アルツハイマーだったらどうしよう」

記憶力の種類は、次の方法で区別することができる。

短期記憶：数分前に電話をかけてきた相手は誰か。さっき帰宅したとき鍵をどこに置いたか。
近時記憶：昨日の昼食は何を食べたか。昨夜どのテレビ番組を見たか。
長期記憶または遠隔記憶：小1のときの担任の先生の名前。子どもの頃の出来事。

加齢の影響を受けるのは、2番目の近時記憶だ。それ自体は正常な老化の過程だが、急激に悪化した場合は、俗に認知症として知られる重篤な疾患が疑われる。

認知症の場合、記憶力が時に数カ月などの短い期間で大幅に低下する。認知症患者は、友人の家や行きつけの店までの道など、過去に何度も経験したことを含めて自分が最近とった行動を忘れる。家の近所で迷子になる、時間感覚を失う、周りの人の顔を見分けられなくなる、1日の出来事を覚えていられない、といったことが起こる。

単純なストレスや仕事の重圧が、認知症を引き起こすわけではない。物事に集中できない、次に何をすべきか分からないと嘆く若者や中高年も、自分の昨夜の行動や昨日職場で何が起きたかは思い出せるし、用事を頻繁に忘れることもきっとないだろう。彼らの場合、フランクと同じで短期記憶に問題があるケースが多い。

加えて、どの種類の記憶かにかかわらず、記憶力の問題が起きるパターンや経過が非常に重要になる。本人が認めたように、フランクの記憶力（それにそれ以外）の問題はここ最近や従軍中だけでなく、幼少期にまで遡《さかのぼ》ることができる。

これは、（認知症など）中高年になって突然発症した問題ではなく、ＡＤＨＤなどの生涯続く問題に共通して見られる特徴である。

日常生活に必要な作業記憶

フランクに話を戻すと、約束をすっぽかす、電話をかけ忘れるといった彼の問題は、入手したばかりの情報を一時的に保持する能力、すなわち作業記憶にかかわるものらしい。作業記憶が情報をどのように処理するか、詳しく見ていこう。

たとえばディナーパーティを控えた主催者がダイニングルームを見渡し、招待客全員が座るスペースはないかもしれないと気づく。オードブルの準備、ワインの買い出しなど他の準備を進めながらも、彼女は頭の中でダイニングルームを思い浮かべ、予算や時間の制約の中で様々な角度から対応を考える。

色々な情報を同時に比較考量するうちに、ふと解決策がひらめく。着席ではなく、ビュッフェ方式で食事を出せばよいのだ。こうした判断の大部分は、ダイニングルームを目にしていない状態で下される。

ここで作業記憶のありがたさに気づかされる。**脳には、情報の流れを保持し、それを分析・処理して今後の参考にする素晴らしい能力がある。**デキる人間になるには、この能力が欠かせない。

フランクがディナーパーティを開くことになれば、一体どうなるか想像してみよう。洒落たパーティなど彼には似合わないという声もあるだろうが、仮に挑戦してみたとする。

だが、家を出て車を走らせながらゲストの座席配置を考えていると、『スイート・ホーム・アラバマ』の着信音が鳴り響く。そうなったら、もうおしまいだ。彼は車を停めて電話をとり、仕事に気をとられて座席配置など完全に忘れてしまう。ダイニングルームのレイアウト、ゲストの顔ぶれ、席順などが、頭から抜け落ちてしまう。また家に戻ってイチからやり直すしかない。

作業記憶は、直観的、反射的な思考ではなく内省的な思考だと言える——もっとも、反射的な思考能力も場合によっては大切だが（フランクのような人は、反射的な対応を得意とすることも指摘しておきたい。たとえば部下から、お客さんの家の床一面にペンキをこぼしてしまったと相談を受けた場合など）。

経営理論の専門家がかつて評したように、情報の再現と表象的思考が得意な人は過去志向ではなく、未来志向だと言える。といっても、作業記憶が優れた人は過去のことを考えられないとか、逆に作業記憶に問題がある人は目の前の状況に対応できないというわけではない。情報の再現が得意な人は、情報を取り込み、一歩下がって入念に検討する（物事を新たな角度から見る）ことができるのだ。**情報を再現する能力は、状況を分析し独創的な解決策を思いつくために必要なステップである。**

この能力は仕事だけでなく生活の様々な場面に応用できるため、デキる人間を目指す上で重要になる。

中には元々、言葉やイメージを使って情報を立体的に再現するのが上手な人もいる。だが、そうではない人も情報を再現するスキルを身につけ、伸ばすべきだろう。

注意を向けているときの記憶は鮮明に残る

作業記憶は人間の思考と行動に重要な役割を果たすため、このテーマを扱う科学的研究が数多く存在する。

様々な感情障害や神経疾患が原因で、作業記憶と呼ばれる脳内の作業空間が大きく破壊されることもあり、作業記憶のいわゆる「正常な」機能状態にも一定のばらつきがある。

研究者らはこのテーマをめぐり活発な議論を続け、どんな方法で研究すべきか、作業記憶をどう説明すべきか、その根本的な限界はどこにあるかを明らかにしようとしている。

その中でも最先端の知見を紹介しよう。

一般に作業記憶の容量は3〜4項目（事実、思考、印象などの数）が限界とされてきたが、実は決まった数などなく、保管すべき記憶の容量に応じて限界が変動する可能性がある（情報が複雑であるほど項目数が減るなど）。学術誌『サイエンス』に近年発表された論文で、ロンドンのユニバーシティ・カレッジ認知神経学研究所の研究者らは、作業記憶に保管できる情報量の限界は大きく変動すると結論づけた。

彼らは作業記憶の仕組みについて、人間が何かに注意を向ける（被験者の目の動きから判断）とその情報に脳の資源が割かれるため、はっきり記憶に残るのだと説明した。だが別の情報に注意が移ると、先ほど記憶した情報があやふやになる。

たとえるなら脳は、昔のインスタントカメラに似ている。デジタルカメラが登場する前は、インスタントカメラを使えばその場で写真をプリントアウトできた。みんなでカメラの周りに集まり、ワクワクしながら目の前で写真が現像される（画像が次第に鮮明になる）のを見守ったものだ。

私たちが何かに注意を向けたときも、これと同じことが起こる。今見ている風景が脳内で鮮明に形を結ぶのだ。だが目をそらし、次の情報（いわば次の風景）に注意を移すと、その映像は次第に消えていく。中には長い間細かいところまで正確に覚えていられる人もいるが、誰にでも限界がある。

注意力と記憶力は連携している

作業記憶の限界とこの記憶にかかわる脳内の部位を明らかにするため、脳波や神経画像検査を用いた研究が行われてきた。

こうした研究から、被験者が作業記憶を働かせると、脳内のいくつかの部位の活性が高まることが分かった。

これはおそらく、様々な情報を保管するため、神経細胞の集合体が互いに微妙にタイミングをずらして電気信号を送っていることを示すものだ。作業記憶に関係する部位には、前頭葉、頭頂葉、それに扁桃体にほど近い側頭葉に位置し、長期記憶の学習と形成に重要な役割を果たす海馬などが含まれる。

これらの研究から注意系と脳記憶系の相互作用を示す証拠が発見された。**つまり注意力と記憶力のネットワークが緊密に連携して、作業記憶という驚くべき貴重なスキルが生まれているのだ。**注意と記録の関係を調べたある研究(「思考回路の実践」という刺激的なタイトルである)によると、作業記憶は課題への集中力に左右されるという。

本書の趣旨を踏まえて、こうした知識を広い視野で捉えなおしてみよう。

この本の読者は思考の整理に取り組んでいる。動揺を抑え集中力を手にした今、私たちは、作業記憶に多様な情報を保管しつつ情報を再現することができる。デキる人間を目指す旅路で、万事が良い方向に進んでいるようだ。

この最初の３つの「思考を整理する法則」に従うことで、脳内回路は活性化しその真の力を発揮する。こうした複雑な認知機能を果たせる段階に達するには、脳内回路どうしの連携が必要になる。

情報の再現とは、具体的には注意と記憶の橋渡し（連携）である。私たちは、脳内の注意力と記憶力を司る部位の働きを活発にしたいと考えている。他の能力と同様に、この部位の働きも加齢とともに衰えていく。

だが幸い、脳機能を高めることはできる。その具体的な方法をメグ・コーチに教えてもらう前に、現代科学に基づく作業記憶に関する驚くべき研究例をもうひとつ紹介したい。

日本の研究チームは近年、作業記憶にかかわる脳の灰白質《かいはくしつ》結合の健全性に「用量依存的効果」（記憶力トレーニングをするほど効果があがることを指す専門的な表現）があることを示す証拠を発見した。灰白質とは脳細胞の結合部であり、情報伝達の通路である。この知見は、脳の可塑《かそ》性――脳は侵されざる不変の存在ではなく、柔軟性があり変化を起こせるという理論――を裏づけるものだ。つまりスキルを培えば、脳を良い方向に変えることができる。

これは、思考や整理整頓能力の質を高めたい人にとって、勇気づけられるニュースだ。私たちは実は自らの手で、整理された脳を作りだせるのだ。

メグ・コーチのアドバイス　作業記憶を高める

私は先日、作業記憶の問題に全く新たな角度から解決策を提案するCMを目にした。

物置まで行って、何を取りに来たか忘れる。
よく知っている人の名前が出てこない。
そんな人の「頭のモヤ」を払います。
お電話一本で集中力が回復、頭が冴えわたります。

このCMは、研究実験の参加者を募集するものではない。記憶力を高め頭のモヤを取り払うという、通信販売のいかがわしい医薬品を宣伝するものだ。

実際には、記憶力を改善する特効薬など存在しない。フランクのようにADHDの一部の症例に使える薬物療法はあるが、このCMが宣伝する、医薬品当局の認可を受けていない通販商品とは異なるものだ。当然、本書ではこの種の商品をおすすめしない。

ハマーネス医師が先ほど紹介した日本の研究をはじめ、有望な知見はあるものの、作業記憶を高められるかをめぐっては今も異論がある点を指摘しておく必要がある。「記憶力を高める魔法の薬などない」とテキサス大学脳健康センターの神経学者ジョン・ハート博士は言う。「薬物を使って、人間の作業記憶の能力に変化を生みだせるのは確かだ。様々な研究があり、実際に試された方法も存在する。だが１００％効果がある方法は見たことがない」

これには私も同感だが、現場の専門家や医療関係者は、少なくとも多くのケースで効果的な方法を発見している。こうした方法は、「思考を整理する法則」として本章で紹介したスキル（情報を再現し作業記憶を働かせる能力）を皆さんが身につける上でもきっと役に立つだろう。より健全で落ち着いた生活を目指すには、この能力の習得が欠かせないステップになる。

だが最初に、ハマーネス医師が本章の前半でしたように、一歩下がって全体像を把握する必要がある。生活を整理するため、私たちはこれまで動揺を抑え、注意を持続し、必要に応じて衝動を抑え理性のブレーキをかけることを覚えてきた。

いよいよ、本格的に頭を整理するときがきた。

最初の３つの法則はいわば旅の出発点で、作業記憶の全ての回路のスイッチを入れて新たな知識を吸収した。ここからは、知識を結びつけて大きな問題——鍵をなくさない、同僚と上手くやる、10年後の目標を立てる――に目を向ける。だが来る日も来る日も、モノをなくし集中力を切らせてばかりではそれも難しいだろう。

コーチ稼業の醍醐味《だいごみ》のひとつは、2人の頭脳を合わせることで作業記憶の容量を広げ、様々な洞察を促し、目標地点(その高みに立てば、かつての自分の動揺がちっぽけに思える)への近道を探すというプロセスを、セッションのたびに体験できることだ。その際に私は、様々なたとえを使って変化を起こす方法を説明することが多い。作業記憶の活用法を教えるときは、自分の趣味である音楽にヒントを得たたとえを使っている。

1人の音楽ファンとして、私は作業記憶を多重チャネルのスピーカー、ジャズバンド、あるいはオーケストラのようなものだとイメージしている。同時に沢山のチャネル(声部)が重なり合って再生され、それがひとつになることで音楽が生まれる。

私は時々コーチング・セッションの前に、10種類ほどある自分の作業記憶のスイッチを入れるつもりで両手の指を大きく広げて動かすことがある。全部のチャネルをつかもうと指を伸ばした瞬間、頭の霧が晴れ思考がクリアになる気がする。様々な作業記憶のチャネルを次々に活用して、目の前の課題に取り組むのは本当に楽しい。違う種類のチャネルを調和させたり、特定のチャネルに脚光を当てたり、あるいは音楽のたとえを使えば、つまみを回して音量を上げ、時に朗々と、時に密やかに歌うある作業記憶に耳を傾けることができる。

交響曲の弦楽器のセクション、ジャズのスタンダードナンバーのベースラインだけを取り出すように、その作業記憶に耳を澄ませる。記憶の一かけらを取り出し、それを頭の中で様々な角度から検討して何を導きだせるか吟味したのち、今度は別の記憶に焦点を当てる。

驚くことに、いったん思い起こした後には、その記憶は跡形もなく消えてしまう。そのため、私たちは直前まで頭にあった内容にわずらわされず次の記憶に注意を向けられる。そして、忘れ去られた記憶が、時間を置いて不意に再びあらわれる。

皆さんには作業記憶を、文字通りの作業（仕事）、あるいは障害（人の名前や細かな情報を度忘れしたときはこう感じがちだ）ではなく、ひとつのプロセスであり、楽しい体験と考えてもらいたい。

デキる人間になる重要なステップのひとつとして、作業記憶を高める方法を紹介しよう。情報の再現力を高めるヒントをお伝えするにあたり、前章までと少し違うアプローチをとることにする。

本書では、記憶力を高めるゲームの専門家陣による実証済みのアドバイスをいくつか引用する。その専門家とは、ハーバード大学医学部の神経学者で『美しい脳、美しいあなた（Beautiful

Brain, Beautiful You)』（邦訳なし）の著者であるマリー・パシンスキー医師と、国内屈指の認知症患者治療施設のひとつ、ニューヨーク市ニューハイド・パークにあるパーカーユダヤ医療リハビリ研究所所長のマーサ・ウォルフである。マーサは、物忘れが生活に支障をもたらす認知症という疾患分野で、最先端の治療に携わっている。

本書で紹介する記憶力を高めるテクニックには、証拠の裏づけがあるものもあれば、一般常識に近いもの、リハビリ施設で試験的に実施中のものもある。リハビリ施設で加齢に伴う認知症の苦労を目の当たりにすれば、誰もが思考を整理するという自分の課題を大局的な視点で見直すことになる。いずれにせよ、こうしたテクニックを通じて記憶力を高め、情報をより効果的に再現することができる。

しっかり睡眠をとる

睡眠の重要性は前にも指摘したが、パシンスキー医師によると「情報を再現する」という法則を実行する際は、睡眠がとりわけ大切になるという。「睡眠は記憶の統合に大きな役割を果たします。実際、人間は寝ている間に新たな情報を処理するのです」とパシンスキー医師は語る。

ではどれくらい眠ればよいのか。一般には7～8時間が理想的だ。**パシンスキー医師によると「6時間寝れば十分という人もいますが、必要な睡眠時間より少なくても自分は大丈夫と思いこんでいる人が多い状態です」という。**

加えて、時間だけでなく眠りの質も重要になる。「大切なのは、目覚めたとき心身がしっかり休まったと実感できることです。重い体をひきずったり、1日乗り切るためカフェインに頼るのでなく、朝さわやかに目覚められなくてはなりません」

睡眠で疲労から回復するためのもうひとつのヒントとして、パシンスキー医師は、決まった睡眠・起床サイクルを保つよう勧めている。1日のリズムが崩れると、脳内のホルモン濃度や神経伝達物質の機能に影響が出るおそれがある。これにより、ひいては脳機能自体や情報を活用する能力が損なわれる。**「脳は、決まった睡眠パターンを必要としています。規則正しく十分な睡眠をとっていなければ、記憶力も働かないでしょう」**

寝る前に覚える、反復する

新しい情報を正確に覚えられるか、必要に応じてその情報を思い出せるかは、いつ覚えるかに左右される。

ここでも睡眠が一定の役割を果たす。パシンスキー医師はある研究を引用している。被験者に新たなスキルを覚えさせる際、前の晩に教えた方が定着しやすかったというのだ。同じスキルを日中に教えてその夜にテストを行った場合と比べ、夜に十分な睡眠をとった場合の方が大きな進歩が見られた。「文字通り、そのスキルを一晩寝かせたわけです。この研究から、人間は寝ている間に学習すると考えられます」とパシンスキー医師は語る。

睡眠中に記憶が強化されるため、新しいことを覚えた後は一晩ぐっすり眠るのがおすすめだ。新しいスキルを学んでその日のうちに試験を受けるより、間に睡眠を挟んだ方がよい結果を残せるだろう。

また学んだスキルを練習する際は、2回に分けて学習し、同じ内容を2回繰り返した方がいい。「学習する上で、反復はとても大切です」とパシンスキー医師は言う。1時間何かを練習するなら、30分ずつ2回に分けて同じ内容を2回扱うようにする。そうすることで、記憶が強化されるらしい。

新しいことを学ぶ

全米退職者協会（AARP）が発行する『AARPザ・マガジン』誌には、アルツハイマー病または認知症の発症を遅らせる方法を扱った記事がたびたび掲載される。皆さんもこうした記事を通じて、パズルで脳を活性化させることが大切だと聞いたことがあるだろう。パシンスキー医師も脳のトレーニングには賛成しているが、記憶を鍛えるそれ以外の方法も提案している。「新しいことを学ぶのに時間を使うといいでしょう。脳に負荷をかける格好の手段である上、楽しく達成感も得られます」

定年退職した人や時間がある人には、フランス語学習、切手収集、ギター演奏などがおすすめだ。けれど本書を読んでいるという時点で、おそらく皆さんには（有意義な活動とはいえ）そんな趣味や余暇に費やす時間などないだろう。そんな人は、脳を刺激する実用的な勉強をしてはどうだろう。

ひとつのやり方は、普段読まない類の本に目を向けてみることだ。たとえば『タイム』誌や『フォーチュン』誌の代わりに『エコノミスト』誌を読み、グローバルな政治経済情勢を把握する。スポーツ雑誌や婦人雑誌の代わりに、アイデアとイノベーションを扱う雑誌『ワイアード』や総合誌『サロン』を読む。新聞なら『ニューヨーク・タイムズ』でなく『ウォール・ストリート・ジャーナル』を読んでみるなど。

別に新聞や雑誌に限らない。車を運転する時間が長いなら、オーディオブックを聞くことで記憶力を高められる。記憶力を養う効果を高めるため、ウォルフはこんな方法を提案している。「通勤の途中で毎日1章ずつテープを聞きます。帰宅途上や翌日に続きを聞く前に、前回どこまで聞いてどんな事件が起きたか、頭の中で整理します」そうすれば、読書が一層楽しくなるだけでなく、記憶力の訓練にもなる（むろん、車に乗らない人や紙の書籍しか読まない人も、同じエクササイズを実行できる）。

書籍や音声メディアを使ったこのトレーニングの肝は、「学習や神経回路の新たな結合を通じて、脳に刺激を与えることにあります」とパシンスキー医師は説明する。

おまけに、業界や職種に関係なく、視野を広げるのは悪いことではない。キャリアに役立つ次の素晴らしいアイデアが、どこから出てくるか分からない。

しかも、記憶力トレーニングのおかげで肝心のアイデアを覚えていられる可能性が高まるのだから、このエクササイズを試してみる価値はある。

メモに書き留める

本書ではこれまで、自分の目標やビジョン、自分の行動を観察した結果などを書き留めるよう説いてきた。マーサ・ウォルフが提案するメモ作成も、非常に役に立つのではないだろうか。

ウォルフはこんな風に説明している。「記憶力を高められる場合もある一方、何か手掛かりさえあれば思い出せることもあります。だから私は、よく使う物はそれを使う場所に片づけるよう指示しています。置き場所を思い出せなくて、慌てることがよくありますからね。うろたえてはいけません！」

物の置き場所を忘れないよう、ウォルフはメモを作るよう提案している。彼女自身、この方法を認知症患者と暮らす家族に実践させてきた（患者の家族は得てして、親の記憶が曖昧なせいで、重要な書類や通帳、鍵の置き場所が分からないといった状況に陥る）。このメモ作成という考え方を、自分の持ち物を見つけられずに困っている人に応用することができる。

「全ての方におすすめですし、書き留めるだけでプレッシャーから解放されます」とウォルフは語る。

ウォルフは、患者の家族に学習用ノートを使わせたが、パソコンでファイルに記録しても構わない。「スペアキーや眼鏡、財布などよく使うものをリストアップし、用途に応じてそれぞれの置き場所を決めましょう。たとえば寝る前に本を読むなら、眼鏡はナイトテーブルの上に置くなど。決めた置き場所を、メモに書き留めます」

誰かと議論をする

ウォルフは、高齢者を対象に講演を行うことが多い。当然ながら、真っ先に聞かれる質問はボケない方法を教えてほしいというものだ。ウォルフは笑いながらこう語った。「昔は〝議論をふっかけなさい〟と答えていたけれど、印象が悪いと気づいて言い方を変えました」

彼女によれば、議論――叫んだり怒鳴ったりしない、理性的な討論――は最高の頭の体操になるという。「意見の違いがあると相手の言い分に熱心に耳を傾けます。そして、聞きながら自分がどう応じるか考えます。頭を素早く回転させる必要があります。知性を使ってピンポンをするようなものです」

地元の討論クラブに参加できない場合、手っ取り早い方法としてケーブルテレビのニュース番組を見てみるといいだろう。米国の政治思想の多極化が、脳の活性化に役立つかもしれない。「普段CNNを見ているなら、フォックスにチャネルを変えましょう」とウォルフは言う。「逆にフォックスを見ている人は、CNNに変えます。コメンテーターの発言を聞いて反論を考え、テレビの音量を下げて出演者に言い返します。テレビに話しかけても構わないんです。ただし、あらかじめ家族に事情を説明しておきましょう。頭がおかしくなったと思われますから」

身ぶりを交えてしゃべる

同じくハーバード大学の心理学者で著書『IQより大切な「頭の使いかた」』（三笠書房）で知られるジェフ・ブラウンが、一風変わった面白い記憶力アップのアドバイスを行っている。

ブラウン博士は語る。「**覚えながら意味のある身ぶりをすると、記憶しやすくなります。**そうすれば後で思い出すとき、脳内に少なくとも2種類の情報が保管されます。たとえば子どもは、算数の問題を声に出して読みながら、同時に空中に指で数字を描いて計算します」（大人になってもこうする人がいる。この計算法を使うのは、別に子どもだけではないのだ）。

またブラウン博士によれば、人の名前を覚えるとき相手の名前を指で手のひらに書くとよいという。手のひらに文字を書く行為が記憶の助けになるというのだ。

さらに「買い物に行く時は、買いたい商品や行きたい店の名前を声に出しながら、頭の中の地図に食品店やショッピングモールの位置を書きこむ」とよいと言う（テレビに反論する時と同様、このエクササイズも必ず人目につかないようこっそり実行すること！）。

ウォーキングなど定期的に運動する

私は本書で、定期的な運動のメリットを散々アピールしてきた。運動が脳に及ぼすメリットにまだ確信が持てない方のために、もうひとつ証拠をあげておこう。

学術誌『ヒポカンパス』に発表された２００９年の研究で、高齢者の身体的健康と海馬（記憶・学習の中央処理機構とされる脳内の部位）の大きさの間に正の相関関係が認められた。

脳科学者によると、脳の他の部位と違い海馬には「可塑性」――動的に変化する性質――があるという。加齢とともに海馬は劣化するが（55歳以降は毎年約１％容量が減少する）、肯定的な刺激には反応するため「使わなければ機能が衰える」器官だと考えられる。

この研究で、ピッツバーグ大学の脳科学者カーク・エリクソンは、運動が海馬にプラスの影響を与えるかどうか調べたいと考えた。彼のチームは、55歳以上の成人１６５人の体力レベルをテストするとともに、脳スキャンと空間記憶テストを実施した。

その結果、「活発な被験者は座りがちな被験者と比べ、海馬の容量が約35～40％大きい」ことが判明したという。エリクソンはこの結果に驚いた。「これほど差があるとは予想していませんでした」と彼は語る。

脳の機能を高めるにはどれくらい運動すればよいのか？　被験者の体力レベルには座りがちからやや活発まで幅があったが、エリクソンによれば「スポーツ選手は一人もいなかった」。

つまり、海馬の容量を維持するにはマラソンに出場する必要はなく、定期的な運動で十分なの

だ。

近年実施された他の研究でも、これと同様の結果が出ている。『ニューロロジー』誌に掲載された２００８年の研究によると、散歩する習慣がある高齢者は、脳への血流障害に伴う物忘れである血管性認知症（アルツハイマー病に次いで最も多く見られる認知症の種類）の発症リスクが相対的に低いことが分かったという。イタリアで実施されたこの研究では、７５０人の男女高齢者を４年間追跡調査し、最も活動的な層（上位３分の１）は散歩頻度が最も少ない層と比べて、血管性認知症の発症リスクが27％低いことが示された。

アルツハイマー病研究財団のウェブサイト Alzinfo.org によると、これらの結果は、適度な運動と脳の健康の相関関係を調べた他の研究の知見とも一致するという。

そのひとつである２００４年の研究では、ハワイに住む高齢者男性２２００人以上を調査したところ、歩く距離が最も少ない層（１日約４００メートル未満）は、１日３キロ以上散歩する層と比べて、アルツハイマー病を含む認知症の発症リスクが２倍近くに達することが判明した。同じく２００４年には、ハーバード大学が実施した大規模な看護師研究調査で、ウォーキングなど定期的に体を動かす70代女性は、活動的でない女性と比べて記憶力テストで高い成績をあげることが報告された。

こうした研究結果は高齢者を勇気づけるものだが、記憶すべき人生経験がはるかに少ない若年層にもウォーキングは同じく効果的であることを強調しておきたい。「20分間の散歩で心臓を鍛えて脳への血流を増やせば、脳に非常に良い効果を与えられます」とパレンスキー医師は語る。

この知識に基づき、彼女は、私が先ほど紹介した怪しげなラジオCMより健康的で、はるかに安上がりな記憶力アップの方法を提案している。

「頭にもやがかかったら、外に出ましょう。運動して周りの景色を変えれば、淀《よど》んだ頭をすっきりさせ記憶力を高められるでしょう」

思考を整理する６つの法則

④情報を再現する

脳には、新たに仕入れた情報が目の前から消えても、その情報を脳内に再現しそれを処理する能力がある。これには脳内の作業スペースというべき作業記憶がかかわっている。この記憶は仕事だけでなく日常生活のあらゆる場面で必要とされるとても実用的なものだ。

具体的にすべきこと

▷しっかり睡眠をとる
▷寝る前に覚える、反復する
▷普段読まない類の本を読むなど、新しいことを学ぶ
▷メモに書き留める
▷誰かと議論をする
▷身ぶりを交えてしゃべる
▷ウォーキングなど定期的に運動する

第 7 章

思考を整理する6つの法則⑤
——スイッチを切り替える

ニックの場合　切り替えができない

ニックは救急救命士を目指していた。彼はこの仕事にうってつけに見えた。マサチューセッツ州救急医療サービス局が定める基本的な要件には、間違いなく当てはまりそうな印象を受けた。

年齢18歳以上（私が初めて会ったとき、彼は23歳だった）、英語を話せる（ボストン近郊で育ち、スペイン語も話せる）、約60キロを持ちあげる筋力がある（これは私が請け合ってもいい。初対面で彼と握手を交わしたとき、指を万力で挟まれたかと思った）。

救急救命士になりたいという夢自体は、称賛に値するものだった。彼と少し話しただけで、人の命を救いたいという純粋な思いでその仕事を志していることが感じとれた。

だが、そのためにはまずある問題を解決する必要があった。州で救命士の資格を取得するには、１００時間の座学と実地訓練を含む33回の講座を修了し、病院で10時間の視察・研修を行わねばならない。高い志を持つ仲間とともに、ニックも勉学に励む必要があった。

彼の決意は固かったものの、ニックはすでに勉強面で後れをとり途方に暮れていた。そこで私のオフィスを訪れたのだ。

「教えて下さい。授業はどんな感じなんですか」と私は問いかけた。

「内容自体はとても面白いです。ただ問題があって」彼は、先日の講義中の出来事を語ってくれた。講義のテーマは、脳卒中のおそれがある患者への処置だった。まず講師が脳卒中の原因や発症の仕組み、症状、リスク因子などを説明した。

「大切な知識が沢山あったので、当然ノートをとりました」とニック。

「そうですよね」私も相槌《あいづち》をうった。

ニックによると、彼は細かなメモを大量に書きつけ、脳卒中の原因に関する説明をもとに脳の図まで描き始めた。だが授業が半分ほど過ぎたところで、ノートをとっているのは自分だけだと気づいた。

「他の生徒は何をしていたんです？」と私はたずねた。

「人体模型を使った実演を見ていました。先生が、脳卒中患者の搬送法の手本を見せていたんです」続いて講師は、助手を患者に見立てて、脳卒中の有無や重症度を判断するため救命士が行う一般的な質問や評価手順を実際にやってみせた。

だが、講師が講義を終えて実演を始めても、ニックはまだせっせとメモをとっていた。

「先生が説明を終えたことに、気づかなかったんですか？」

「分かりません。何となく気づいていたけれど、メモをとる作業を止められなかった。最後まで書きたかったんです」

ニックは、他の生徒がペンを置いているのにひとり文字を書き続ける自分を、クラスメートが横目で見ていることに気づいた。恥ずかしい思いをしたという。

私は、今回が初めてではないのではないかと感じた。「同じようなことは、前にもありました。僕は学校で良い成績をとった試しがなくて、なぜだか教室では駄目なんです」と本人も認めた。ニックは、自分の成績が振るわないのは頭が悪いせいだと考えていた。「どこか足りないいんでしょう。いつも勉強に苦労させられてきた。とにかく、ついていけないんです」

私は、問題はそういった曖昧な理由でなく頭の良し悪しも関係ないのではと考えていた。ニックは聡明な若者に見えたし、彼の話を聞く限り、授業に集中ししっかりノートもとれていた。だが、他の生徒と同じタイミングでスイッチを切り替えられないというこの現象を、少し詳しく探る必要があった。

「教室以外に、自宅やプライベートな付き合いで同じようなことはありますか？　自分は特定のやり方にこだわり過ぎだ、柔軟に物事に対応できないと感じますか？」

「融通が利かないってことですか？」と彼はニヤリと笑いながら、問い返した。「前の彼女にそう言われました。柔軟性がない、杓子定規《しゃくしじょうぎ》で窮屈だって。それが別れたひとつの理由です」

さらに彼は具体例をあげた。「僕たちは、木曜夜のデートは映画と決めていました。ある木曜の朝、彼女が電話してきて、職場の人から今夜のレッドソックスの試合のチケットを２枚もらったと言うんです。２人ともレッドソックスのファンなので、彼女は大喜びでした」

「それで、どうしましたか？」

「行きたい気もしたけど、〝今夜は映画の日だ〟と思いました。ずっとそういう習慣だったんです。仕事の後でジムに行き、彼女と待ち合わせて一緒に夕食をとってから映画を見る。そうするつもりでした。気の向くまま行動したかったけど、できなかった。僕には、それは難しいことです」

これ以外のエピソードもあった。ジムでも似た問題が起きたという。「何年も同じメニューをこなしてきました。でも、トレーナーをしている友人に、救急救命士になるなら体幹を鍛えた方がいいと言われました。重い物を持ちあげるには、脚力とコアマッスルが必要だからって。彼自身もやっている新しいメニューを、教えてくれました。ボールを使った、かっこいいエクササイズでした」

その友人は実際にやって見せるため、わざわざニックのジムに立ち寄ってくれた。だが友人が来た時、ニックはもういつものメニュー（ベンチプレス、ショルダープレス、二頭筋にきくダンベルカール）に取り掛かっていた。「僕は〝もう1セットやってから〟と言って、やり続けました。友人はしまいには呆れて、ひとりで新しいエクササイズを始めました」

精神医学では、特定の場面だけでなく様々な状況で同じ問題が表れる場合に障害と診断される。木曜は映画の日だから野球観戦はしないと決めただけでは、問題がある証拠にはならない（とはいえここボストンで、レッドソックスの無料チケットを軽々しく扱ってはならないが）。だが日常生活の色々な場面――ニックの場合は教室やジム、デート――で同じ問題が生じ、明らかに弊害を伴うのに本人がその発想から抜け出せない場合、事態はより深刻になる。自分はこうと決めつけるには、ニックは少し若すぎる。

だがそれを除いても、彼の問題は単に「自分のやり方に固執する」点にあるわけではない。自分の注意の対象や行動を切り替えられないことが、問題なのだ。

ニックは、ある場面や対象物から、別の場面、対象物へと注意を移すことができなかった。

思考を整理する法則はお互い連携している

ニックのケースを参考に新たな「思考を整理する法則」を探る前に、少し振り返ってみよう。

本書をここまで読み、前章までに紹介した提案を実行することで、皆さんはストレスが少ない整理された生活に向けた堅固な基盤を手に入れたはずだ。最初の４つの法則を生活に取り入れるため努力した人は、今ではこうなっているに違いない。

・動揺を抑えて（少なくとも、ここぞという場面では動揺を避けて）、目の前の課題に冷静に取り組める
・集中力を維持できる
・必要に応じて理性のブレーキをかけられる
・作業記憶を活用して、情報を再現できる

だからといって、今後二度と慌てふためいたり注意散漫になったりしないわけではない。だ

が少なくとも今、皆さんは、自信に満ちて日常と向き合う上で役立つプラン、いわば自分自身の取扱説明書の前半に目を通した状態にある。

これまでの成果を足掛かりに、前に進んでいこう。

だがその際、忘れてはならないことがある。

本書では様々な思考スキルを個別の法則やステップに分類したが、実際、各法則は密接に関連し合っている。**すでに学んだように、脳の各部位は別々でなく互いに連携して機能する場合が多い。**

たとえるなら、上腕二頭筋だけを鍛えるためダンベルカールに励むウェイトリフティングの選手より、両足と体幹、腹筋や二頭筋を連動させてバットを振り、フェンス越えのホームランを放つバッターに近いだろう。

本章で紹介する法則「スイッチを切り替える」に関しても、同じことが言える。これは、思考や態度を柔軟に変える能力を指す。

デキる人間になるには、注意の対象をあるモノや場面、行動から別のモノや場面、行動へと効率的かつ効果的に切り替えられねばならない。そうすれば、次の活動に移ることができる。

高速道路を走っていて、別のルートの方が良いと感じたら出口ランプを降りるのだ。

このスキルがなければ、注意系は（ある日の教室でニックがなったように）極端に視野が狭い状態になる。職場でもプライベートでも、頭を素早く働かせ、必要に応じて注意の対象や自分の行動を切り替える準備を整えねばならない。

具体的にはそれはどういうことなのか？

スイッチの切り替えが上手くいけば、夢中で読んでいた面白い記事からいったん目を離し、同僚からの緊急の電話に応じられる。その同僚は、クライアントとの会議に出かける前に、あなたが手がけている大規模プロジェクトの情報を欲しがっている。今すぐ資料が必要なのだ。あるいは、重要なデータを紹介するつもりで会議に参加したが、議論の中心が別のテーマになってしまったとする。そんなときも、スイッチを切り替えられれば、自分の番が回ってこず準備した発表を聞いてもらえないからと、慌てたり憤慨したりはしない。ギアを入れ替えて、新たな議論に積極的に参加できる。

さらに別の例を使えば、子どものバスケットボール・チームの監督をしていて、その日の練習に3人しか集まらなくても、スイッチを切り替えれば練習メニューを即座に変更できる。

自然にスイッチを切り替えられる人もいれば、ニックのように非常に苦労する人もいる。そしてスイッチを切り替えられなければ——同僚が欲しい情報をまとめられない、会議の流れについて行けない、練習メニューを変更できない——苛立ち途方に暮れ混乱してしまうだろう。

これらの例から、スイッチの切り替えが、これまで学んだいくつかのステップと密接に結びついていることも、分かるだろう。

そもそも理性のブレーキをかけられなければ、注意を切り替えることなどできない。また作業記憶を活用しなければ、自信を持って注意を転換できないだろう。

私たちは注意を切り替える際、内心では続けたい作業をいったん中断し、後でまた戻って来られるよう作業記憶に保管しておく。切り替えるには意図や計画性が求められる。そのためには、頭を整理する必要がある。

脳内の注意転換プロセス

前述のように、注意転換などの認知プロセスの研究では一般に、被験者に様々な課題を行わせる。脳画像検査を使えば、課題を実行中の被験者の脳を観察し、どの部位が活性化しているか確認できる。

だが、いわゆる注意転換を調べる最初の検査は、現代の脳画像検査技術が誕生するはるか昔に開発された。最も歴史が古く、今も信頼性が高い認知テストのひとつであるウィスコンシンカード分類課題（ＷＣＳＴ）は、米国の著名な心理学者ハリー・ハーロウらにより１９４０年代に開発された（ハーロウは、サルを使って愛情が発達に与える影響を調べる画期的な実験も行った）。

この検査は、「思考の柔軟性評価のための簡単な客観的手法（A Simple Objective Technique for Measuring Flexibility in Thinking）」と題した１９４８年の学術論文で初めて紹介された。被験者は１３２枚のカードを分類するよう指示されるが、テスト実施中に分類のルールが突然変更される。新たなルールへの適応力に基づき、被験者の思考の柔軟性（本書でいうスイッチを切り替える能力）を評価する。

脳（前頭皮質および前頭前皮質）に損傷があると、特定のルールに捉われるため柔軟に変更できない。**ＡＤＨＤ患者も、同様の問題を示す（新しいルールにすぐ切り替えられない）ことが多い。**

ＷＣＳＴは注意転換能力の理解に重要な役割を果たしてきたが、最新の研究ではこのプロセスの仕組みへの理解を深めるため、注意転換を司る具体的な脳の部位を解明する取組が行われている。

スタンフォード大学とミシガン工科大学の研究者は2010年の実験で、抑制機能（ブレーキをかける）と注意転換機能の両方にかかわる脳の様々な部位を調査し、それぞれの機能のみを司る部位を特定しようとした。

実験では、健常な大学生にアルファベットの大文字をいくつか見せた。この大文字はそれぞれ、様々な色の小文字を集めて形作られたものだ。被験者には、色を手掛かりに大文字、または小文字を見つけるよう指示した。大文字と、その中に隠れている小文字が同一である場合もあれば（hが10個ほど集まってHというひとつの大文字になっている）、違う場合もある（sが集まって、Hという大文字になっている）。

被験者に対し時々、大きな文字と小さな文字の間で焦点（スイッチ）を切り替えたり、あるいは大文字、小文字どちらか一方に注目するよう指示した。

脳画像検査を用いて、被験者がこの課題をやっている間に脳のどの部位が活性化するかを観察した。その結果、注意転換プロセスでは下頭頂皮質と呼ばれる部位が特に重要であることが判明した。前に説明したように、下頭頂皮質は集中維持と記憶統合にかかわる領域である。だが脳の各部位は連動しているため、頭頂皮質が単独で機能するわけではない。

抑制と注意転換どちらでも、脳内の各部位（前頭前野、頭頂葉皮質、基底核）のネットワークが協調的に機能し、抑制と注意転換は実際にはひとつの大きなプロセスではないかと考えられる。

あるいは抑制は、注意転換というより複雑な機能を実行するために必要な要素であり、一種の前提条件なのかもしれない（「思考を整理する法則」では、抑制と注意転換の概念をこの理論に基づき紹介している。直観的にも納得できる考え方だ）。

子どもと老人は注意転換が苦手

注意転換の複雑性とかかわる部位の多さを考えると、人間が成熟しながらこのスキルを獲得するのも当然と思える。子どもは、ある活動から別の活動に移るのに苦労するものだ（そして、それに付き合わされる親も面倒な思いをする）。当然、中にはニックのように、青年期を迎えてもスイッチの切り替えに苦労する人もまれに存在する。

他方で年を重ねれば重ねたで、注意転換が再び難しいものになる（年老いた親の相手をしたことがある人なら、実感できるだろう）。そのため老人はしばしば、自分のやり方に固執する、妥協しない、変化を嫌がるなどと批判されがちだ。カリフォルニア大学サンディエゴ校の研究チームは近年、加齢とともに注意転換能力が低下する原因が、白質路《はくしつろ》の劣化にある可能性を示した。

前に触れたように、白質路は脳の各部位をつなぐ高速道路網である。白質路は、神経細胞の軸を取り巻くミエリンと呼ばれる白色の絶縁性の繊維からできている。全米を縦横に走る州間高速道路のように、この神経回路が脳の多様な部位を結びつける。白質路には、長いものや短いもの、まっすぐなものや曲がったものがある。

だが老化に伴い、この回路が（高速道路と同じで）劣化する場合がある。路面に凹凸や穴ができ、情報伝達に時間がかかるようになる。**この白質路というインフラが老朽化した高齢者は、望むと望まざるとにかかわらず、よく考えて慎重に運転しなければならない。**

「マルチタスクが素晴らしい」という迷信

マルチタスクの素晴らしさを説くネット記事から、いくつかアドバイスを紹介しよう。こちらは、女性を対象にした記事を参考にしたものである。

・主婦、母親、家政婦、料理人、秘書、ウェイトレスなど、デキる女性は皆、同時にいくつもの仕事をこなすメリットを理解している。おまけに、マルチタスクの達人だ！
・生産性をあげるには、一度に沢山のことを効率的にやる必要がある。
・気が狂うほど忙しいのに、どうやって正気を保つのかって？　むろん、マルチタスクの名人になるしかない！

これ以上引用する必要はないだろう。コツとしては、５つか６つの事柄を同時に進めればいい。それがデキる人間への近道だというのだ。

いやいや、そんなはずはない。再び自動車のたとえを使って、これまでに取り上げた「思考を整理する法則」を振り返ってみよう。

私たちは、抑制制御のおかげで本来のルートをまっすぐ進み、何かに気をとられて衝突しないよう、必要に応じてブレーキをかけることができる。

作業記憶を使って、先ほど通り過ぎた脇道を思い返す。その方向には、町でただ１つのガソリンスタンドがあったかもしれない。

さらにスイッチの切り替え機能を使えば、何か重要な情報に注意を引かれた場合、即座にハンドルを切って方向転換できる。この３つを実行する能力は、デキる人間の証である。

だがいかにデキる人間でも、同時に3つの方向に車を走らせることはできない。とはいえ、中にはそれに挑戦している人がいる。それを表すのが、「マルチタスク」という今やすっかり聞き慣れた言葉である。マルチタスクは元々はコンピュータ用語だが、多数の作業を巧みに同時処理する能力を指すとされるこの概念をめぐり、多くの記事や書籍が執筆されている。

『タイム』誌は２００６年に掲載した「マルチタスク世代」と題した記事で、メールを打ちながらＣＤを焼き、同時に宿題もこなすティーンエイジャーこそが、この異論ある新たなライフスタイルを生みだした犯人だと糾弾した。

だが実際には、場面や年齢を問わずマルチタスクをする人はいる。経営コンサルタントのケビン・フォックスは、こう書いている。「あらゆるプロジェクトで、マルチタスクが当たり前になっている。**マルチタスクは一見無害に思われ、役に立つスキルとして称賛されがちだが、プロジェクトの遅延や作業期間の長期化、成果物の質の低下を招く最大の原因のひとつだ**」

それでも、自分はマルチタスクが得意だと自慢する人は多い。つまり、電話で話す、レポートを書く、セーターを編む、夕方のニュースを見るといった複数の作業を、同時にやってのけるというのだ。

あなたが一度にひとつずつコツコツ片付けている間に、彼らは高速でぶっ飛ばして超効率的に物事を処理し、いくつもの作業を同時に器用にさばいて、あなたを置き去りにする。取り残された側は、自分に同じ能力がないことを嘆く。私も時々患者から「僕も、もっとマルチタスクが上手にならないと駄目ですね」といった愚痴を聞かされる。

だが、そんな必要はない。

むしろ、皆さんが本書で学べる本当に大切な思考スキルは他にある。本章冒頭で触れたように、もしあなたがこの本を読みメグ・コーチの処方箋に従っていれば、脳に本来備わった思考を整理するツールや能力を活用できるようになってきているだろう。

だがその中に、マルチタスクは含まれないはずだ。マルチタスク支持者は気安く請け合うが、同時に複数の作業を処理できるなど、本当にデキる人間なら決して口にしない迷信に過ぎない。確かに4つか5つの作業を同時にこなせたら便利だが、それは土台無理なのだ。

マルチタスクの行きつく先はひとつ、すなわちどの用事も最後まできちんと仕上げられずに終わる。マルチタスクの中で、人間は自分の能力以上のことをこなそうとする。空中に沢山のボールが浮いている写真と同じで、静止画で見ると6つのボールを華麗にジャグリングしているように見えるが、実は次の瞬間には全部地面に取り落としているのだ。

生産性をあげるのは「スイッチの切り替え」

近年の研究の結果、複数のメディア機器を操ってマルチタスクを行う人は、それ以外の人と情報処理の方法に違いがあることが分かった。デジタル機器を使いこなす達人は、多様なチャネルを介して大量の情報を巧みに処理できるのか？　実はその逆で、彼らは無関係な刺激や外部の情報を無視できず、タスクの切り替えも行っていなかった。

一体なぜなのだろう。少し実験してみればいい。携帯電話を手に持ち、テレビをつけてパソコンを起動しよう。友達に携帯でメールを打ちながらテレビを見て、同時にノートパソコンで音楽を聞くことは可能だろうか？　もちろんできるが、それぞれの作業をきちんとこなすのは無理だろう。必然的に電話の口数が減り、テレビ番組や音楽も部分的にしか頭に入ってこない。脳が行動に与える影響を調べる研究者に言わせれば、それも当然である。

そもそも人間は、複数のインプットに注意を向け同時に多くの作業を処理するようにはできていない。**逆に、ひとつの物事に深く集中する一方、早急な対応が必要と判断したら素早く注意を転換し、新たな対象に以前と同じだけの集中力を発揮する素晴らしい能力を備えている。**

そのため、まずは友人に送るメール作成に専念し、その後でテレビ番組を見てから、別の場所に移動して音楽鑑賞に集中すれば、個々の体験の質ははるかに高まるだろう。

これが注意転換能力であり、本当の意味で生産性と効率性をあげるには、注意転換、およびこれと対をなす能力である抑制制御の練習を重ねる必要がある。

ある12歳の少年の言葉を借りれば、物事をやり遂げるには、上手にスイッチを切り替えてマルチタスクを「こてんぱんにやっつけ」なければならない。

その理由と具体的なやり方を見ていこう。

マルチタスクで何もかも上手くいかなくなる

子どもたちと自宅で過ごす週末、もし自分がマルチタスクに挑戦したらどうなるか考えてみよう。

洗濯機を回しながら、地下室を片付け始める。

乾燥機の後ろを掃いていると、古いおもちゃが落ちているのを見つけた。叔母が子どもたちにくれた、可愛らしい木製の馬だ。もう見つからないと諦めていた子どもたちは、馬のおもちゃを見て大喜びだ。畳みかけの洗濯物は一旦置いておき、塗装がはげた馬にペンキで色を塗り始める。

いつの間にか正午近くになっている。昼食の材料を買い出しに行く時間だ。店からの帰り道、ガレージに車を入れながら、後で庭の手入れをしようと考える。

洗濯とおもちゃの色塗りはまだ途中なので、今から洗濯、掃除、ペンキの塗り直し、庭の手入れをして、当然ながら昼食も食べねばならない。けれどあなたには、マルチタスクで全部の用事をこなせる自信がある。

ところが、気づくともう時計は午後4時を回っている。友人からの電話で、今夜はバーベキューに顔を出す予定だったことを思い出す。そうだ、フルーツサラダを作って差し入れると約束したのでは？　でも心配ない、とあなたは胸を張る。なぜなら、同時に並行して色々なことを進めているんだから。

やりかけの作業をリストアップすると、実は何ひとつ終わっていないことに気づく。むしろ、

やるべきことが増えている。洗濯機は回したが1枚も乾燥機にかけていない（おもちゃを見つけて、脱線してしまった）。何枚かは、もう一度洗い直した方が良さそうだ。地下室は相変わらず散らかっている、おもちゃのペンキは塗れていない。サンドイッチを作るつもりでキッチンに出しっぱなしにしていたハムは、暑さで傷んでしまった。庭には掘りかけの穴がいくつか。穴掘りに使ったシャベルは、ガレージに戻さねばならない。

確かに土曜日一日で実に沢山の用事に手をつけたが、どれひとつ終わっておらず、かえって仕事が増えて家も散らかってしまった。

ちなみにバーベキューには遅刻し、あなたが着く頃にはみんな食事を終えていたため、誰もフルーツサラダを食べる気分ではなかった。

私たちは誰しも、別に毎日1分たりとも無駄にせずロボットのように効率的に暮らしたいわけではない。とはいえ、今紹介したようなマルチタスクは必ず残念な結果を招く（実際、私も、マルチタスクのエセ達人が失望を口にするのを、何度も目撃してきた）。それも無理のないことだ。予定をほとんど消化できないとストレスがたまるものだから。

しかも大局的に見ると、マルチタスクが、整理整頓能力を高めるという目標を阻む可能性もある。

スイッチの切り替えで段取りが良くなる

「思考を整理する法則」に話を戻すため、マルチタスクからスイッチの切り替えに視点を移し、整理された生活に向けた新たな一歩を踏み出そう。今度は今と同じ状況を、別の角度から検討してみる。

自宅で子どもたちと週末を過ごすあなたは、今回はマルチタスクを行わない。代わりに、スイッチを上手く切り替えたら、事態はどう変化するだろう。

あなたは同時にいくつもの用事を片付けるのでなく、理性のブレーキと情報を保管し再現するスキルを使って、その時々の状況に柔軟に対応することにする。

1日の始まりは先ほどと同じだ。洗濯物を地下室に持っていくと、乾燥機の裏側に古いおもちゃが落ちているのに気づく。叔母が子どもたちにくれた、可愛らしい木製の馬のおもちゃだ。どこに行ったか探していた子どもたちは、折角だから綺麗に色を塗り直したいという。だが今回は、行き当たりばったりにペンキ塗りを始めたりしない。理性のブレーキをかける。

頭の中に今日のスケジュールを書き出し、スイッチを切り替える。現在午前9時。今日やることのリストをざっと見直し、変更を加える。洗濯に加え、家の掃除、食料品の買い出し、夕方にはバーベキュー。

今朝は洗濯機を1回だけ回すことにする。頭のスイッチを切り替え、午後（買い物の後、あなたがフルーツサラダを作っている間）に子どもたちが馬にペンキを塗れるよう、地下室に作業場所を用意しておく。しばらくその仕事に専念する。

終わったら再びスイッチを切り替え、他の用事には目もくれず買い出しに出かける。帰宅して食品を冷蔵庫に入れていると、ラジオの天気予報が耳に入る。明日は雨だという（ちなみにマルチタスク版でもラジオはついていたが、やり終えていない用事が気になり天気予報に注意を向けていなかった）。

天気予報を聞いて、明日庭の手入れをするつもりだったのを思い出す。今日晴れている間に庭仕事をやり、室内でできるおもちゃのペンキ塗りは明日に回すことにする。そこで、地下室へは行かず、頭を切り替えて2時間ほど庭仕事に専念する。

このバージョンの方が、はるかに段取りよく思えないだろうか。

ささいな違いかもしれないが、こうした自宅での過ごし方ひとつとっても結末が大きく変わる。生乾きの洗濯物、散らかった地下室、穴だらけの庭、腐ったハムや不人気なフルーツサラダの代わりに、あなたはいくつもの仕事をやり終え、それ以外の用事は明日に予定を組み直している。理性のブレーキ、情報の保管と再現、スイッチの切り替えが周到な形で実行されているのだ。

そうすることで、ひとつひとつの仕事の内容が明確になり、優先順位に従って達成される。不測の事態や新たな情報（天気予報など）に応じて、スイッチが切り替えられる。**思いつきで矢継ぎ早に注意の対象を転換するのではなく、よく考えた上で目的があって切り替えているのだ。**

ここから、理性のブレーキ、情報の再現、スイッチの切り替えの三者が互いに関連し合った概念であることも分かる。

加えて、それ以外の「思考を整理する法則」が注意転換の能力に影響を及ぼす可能性もあるだろう。天気予報で明日は庭仕事はできないと分かった後、もしうろたえたり腹を立てたりすれば、状況に応じ判断し対応する——スイッチを切り替える——能力を十分発揮できないかもしれない。

どうすれば、素早くスイッチを切り替えられるのだろう。

他の法則と同様、このスキルも人間に本来備わったものだが、努力すればその能力を高めることができる。

メグ・コーチのアドバイス　思考を柔軟にする

私としては、思考の整理に取り組む人全員に、スイッチを切り替える達人になってもらいたい。これには、単に集中を途切れさせる多くの刺激に対処する必要があるというだけでなく、それ以上の理由がある。

スイッチ切り替えの達人は、視野を広げて人生が差し出す新たな機会を受け入れることができる。柔軟な思考のおかげでスピーディーに行動し、臨機応変に状況を変えられる。**目の前の作業に対する心地良い集中をしぶしぶ手放すのではなく、彼らは変化という贈り物や、それが新たな状況や先ほどまで専念していた作業に与える影響を歓迎する。**

ハマーネス医師は、スイッチの切り替えを思考の柔軟性と表現した。確かに正しいが、注意転換の能力は思考の独創性や自発性に通じる。スイッチの切り替えが意図的に行われるとは限らず、集中が途切れたタイミングで自然に起きることもある。

スイッチ切り替えの達人が思考という名のエンジンをどう調整するか、例を見ていこう。

夕食の用意をしていると電話がかかってくる。頭の中が整理されていない人は、邪魔が入ることに我慢がならず電話を喜べない。苛立つし、気が散って迷惑だ。

だがスイッチ切り替えの達人は、全く違う見方をする。料理の途中で手をとめて電話に応じ、10分後に料理を再開したとき、突如として「そういえば、庭に新鮮なバジルが生えていた。あれを入れたら、パスタソースがおいしくなるんじゃないかしら」とひらめく。

電話に対応している間、束縛から解放された脳は料理やレシピをめぐる思考から離れ、その自由な空間の中に新たなアイデアがわいてくる。こうしたアイデアは、鍋から立ち上る湯気のおいしそうな匂いと同じくらい、嬉しくありがたいものだ。

達人になれば、戦略的にスイッチを切り替えることもできる。

たとえば職場で、パワーポイントのスライド作りに精を出していると、途中から明らかに効率が落ち、何をやっても無駄に思えてくる。頭の中が混乱し、うんざりして諦めたくなるかもしれない。

だが一度立ち止まり、「行き詰まったから、別のことに飛び移ろう」と戦略的に頭のスイッチを切り替えれば、状況を一変させることができる。電話を1本入れる、メールを確認する、休憩をとるなど。**こうした意図的な選択の結果、スライド作成という元の作業に飛び移ったと**

きに新鮮なアイデアが頭に浮かぶことが多い。

本書ではあえて「飛び移る」という言葉を使っている。**スイッチの切り替えは、両足で地面を蹴ってひとつの脳内回路から別の回路に飛び移るという意味で、跳躍に似ているからだ。**

この切り替えが新たな洞察やアイデア、発想をもたらし、最終的には、中断した作業に戻った際の効率を高めてくれるだろう。深い谷を抜け出し高次の視点で状況を見渡すため、意図的な注意転換のチャンスを逃してはいけない。

私たちは、無理やりスイッチを切り替えることはできない。

むしろ自然な心の流れに近く、例えば夕食にバジルを使おうと急に思いついたとしても、なぜ母親と電話で話した後でそんなアイデアが浮かんだのか自分では皆目見当がつかない。だが、とにかく頭に浮かんだのだ。

とはいえ、意のままに注意転換の能力を呼び出すことはできないが、チャンスが訪れた際にスイッチを切り替えるための条件を整えることはできる。**チャンスに心を開き、飛び移る準備をしておく必要がある。**

スイッチ切り替えの達人――デキる人間になる上で大切なステップ――になるためのヒントを、いくつか紹介しておく。

思考のフットワークを軽くする

プロのバスケットボール選手や陸上のスター選手を除けば、私たちは飛び上がることが得意ではない。ジムでレオタード姿の美人インストラクターに指示されない限り、実際に空中に飛び上がることもあまりないだろう。重力の力には抗しがたい。時には、波に乗っている今の作業を続ける方が楽しいという理由で、別の用事に飛び移るのをしぶりがちである。

強烈な夢から急に目覚めた経験がある人は、突飛な空想を繰り広げる脳の跳躍力に驚いた記憶があるだろう。昼間の仕事から解放された脳は、現実を離れ空想の世界を奔放に駆け巡る力を秘めていることを見せつける。

目を覚ましている間も、この脳の跳躍力を仕事に活かしてみよう。動揺を抑えて頭の中を整理すれば、頭が冴え思考のスピードが上がる。本書で紹介した法則全てを上手く活用すれば、思考のフットワークが軽くなるだろう。

サイロを破壊せよ！

皆さんも、この表現を耳にしたことがあるかもしれない。「サイロの破壊」は、ここ数年ビジネス界で人気を集めているフレーズだ。企業役員向けコーチでブロガーのリンダ・ヘンマンは、こう書いている。「〝サイロ型の事業運営〟とは、組織内で横の連携がとれていないという意味だ。別のサイロ（別の組織）の人間にメッセージを伝えるには、組織の壁を越えてコミュニケーションをとる必要がある」

サイロの破壊とは、自分の所属する部署や専門分野といった縦割りの組織（サイロ）に捉われるあまり、他の組織との連携を欠いている人間に対して使われる言葉だ。こうした壁を打破すれば、組織の各部門間の交流が促され、生産性の高い新たな協力関係が生まれる。

サイロを破壊するには、必然的にスイッチを切り替えるスキルが求められる。縦割りの組織どうしをつなぐには、視点を変えて、新たな状況、新たな人、予想外の新たなアイデアに対応しなければならない。

別にビジネスの世界に限らず、様々な科学の分野でも優れた発見は、特定の専門分野の狭いサイロではなく、専門家の狭い視野を越えた学際的な領域から誕生している。

スイッチの切り替え（前に触れた、思考のフットワークを軽くするスキル）を練習するには、意識的にサイロの破壊を試みることだ。別に、世界を揺るがすような抜本的な変化でなくても構わない。だがサイロの破壊を通じて、ひょっとすると仕事の質を高める新たな洞察を見出せるかもしれない。

体を動かし頭をすっきりさせる

本書で何度も触れてきたように、人間の体と頭は驚くほど互いを支え合っている。**時には、長い会議中に立ちあがりストレッチする、廊下や屋外を歩く、ヨガをする、何度か深呼吸するなど、頭から体に注意を転換する必要がある。**多くの研究から、体を動かすと脳に好影響を与えることが分かっている。

そのひとつは疑いなく「頭をすっきりさせる」効果であり、運動を通じて筋肉が蘇るだけでなく、頭もリフレッシュする。ストレッチ後に腰や首の痛みが和らぎ、短い散歩で足の強張りがほぐれるように、脳も元気と柔軟性を取り戻し、素早くスイッチを切り替えられるようになる。

ヒューストンにあるテキサス大学MDアンダーソンがんセンターでは、従業員健康増進課長のビル・バーンが、秘書や外科医など全職員が使用できるストレス解消ステーションを施設内18カ所に設置した。このステーションは、ペダルを踏んで有酸素運動ができるクロストレーナー1台、ストレッチマシン1台、伸縮バンド付きチェア1台で構成される。運動生理学者で健康増進コーチでもあるバーンは、こう語る。「みんなに、ミニ休憩をとるよう勧めました。汗をかいたり、20分間の運動をする必要はない。わずか3～5分でもストレス解消ステーションを使った人は、ストレスが軽減するだけでなく、独創性や効率性が高まり仕事への意欲も増すことが分かりました」

つまりわずか数分のストレッチやペダル運動、伸縮バンドを使ったトレーニングで、新たな状況に素早く対応したり、目の前の作業や次なる課題を別の角度から見直せるようになるのだ。

これは、この画期的なステーションに注意転換や独創的思考を促す効果があるという証拠ではないだろうか。

バーンらはある時、外科医局と手術室をつなぐ廊下に設置していたステーションを移動させたという。「外科の先生方から電話がかかってきました。あのステーションはどこへ行ったんだと。ある先生は〝あのマシンを漕《こ》がないと手術できない〟とこぼしました。すごい成果です」と彼は語った。

新たな状況の良いところを探す

注意の切り替えを求められて当惑したり苛立ったりせず、新たな洞察の可能性、ひらめきのサインとして歓迎しよう。

それは、目の前の作業の重圧を乗り越え、さらには混乱した生活を克服するための招待状なのだ。可愛い子どもや気の置けない仲間、ペットに対するときと同じように、笑顔と軽やかな気持ちでスイッチの切り替えに対応しよう。**「この切り替えを自分の能率アップにどう活かせるか」注意深く自問してみよう。**その答えが、後になって分かる場合もあるだろう。スイッチを切り替える機会を、逃してはならない。

こうした姿勢を仕事でもプライベートでも培わねばならない。

たとえば、クリスマスは毎年義父母の家で過ごしていたとする。それが長年の間にすっかり定着した習慣だったのに、夫が突然、今年はオハイオ州の義姉の家に行くことにすると宣言する。

義姉はいいとして、義姉の夫は退屈な人間だ。義姉夫婦は、刺激と魅力にあふれた都会から遠く離れた農村地帯に暮らしている。オハイオとなると、例年より移動時間も長くなり気候も寒いだろう。そんなとき、あなたはどんな態度をとるだろうか。

頭が働かない人ならこの旅程変更を身勝手な押しつけとしか感じられず、愚痴をこぼし細かな段取りを決めるのをしぶり、新たな機会を歓迎することなどないだろう。

だが柔軟な思考の持ち主――スイッチ切り替えの達人――は正反対の行動をとる。別に、義姉の夫との会話に夢中な振りをしたり、人里離れた村への長いドライブを心待ちにする必要はない。笑って耐え抜く必要もない。

そうではなく、スイッチの切り替えが上手な人はものの見方を変えて、この新たな条件の長所や以前の条件と比べて好ましい点を探そうとする（そういえば義姉は料理が上手だった！　義姉の家の近くの国立公園には、景色が綺麗な遊歩道があったはず……もし雪が降れば、前から挑戦してみたかったスノーシューズを借りてもいい）。

適切な判断をする

スイッチを切り替える機会が訪れたら、判断が求められる。立ち止って選択肢を考えよう。**今の作業を続けるか、新しい作業に移るか？　それぞれの選択にどんなメリットがあり、どちらが望ましいだろう。**

１００％の集中力でその選択にしっかり目を向け、自分の考えや気持ちと向き合おう。自分はその選択をどう思い、どう感じているかを踏まえた上で、決断を下す。そうすれば、一連の判断を素早く巧みに行うことができる。

マルチタスクをしない

ハマーネス医師が前に述べたように、注意のスイッチを切り替えて新たな作業に敏捷《びんしょう》に飛び移る行為は、マルチタスクではない。マルチタスクとは、意識的な注意の転換なしに、複数の作業をさして考えもなく同時にダラダラ続けることである。

どんな形でスイッチを切り替えるにせよ、2種類の作業を同時にやろうとしてはいけない。最初にやっていた作業を続けながら、次の作業に移ろうとしないことだ。それでは上手くいかず、どちらも中途半端になるだろう。思考のフットワークを軽くし、新たな場面にいったん注意を向けよう。その後で、必要があれば新鮮な気持ちで元の作業に戻ればいい。

自信を持って飛び移る

違う仕事を命じられた、休暇の旅行先が変更になった、邪魔が入り別の用事を片付けざるを得ないなど、新たな課題や状況がどんなものでも、いったんスイッチを切り替えた方が、元々進めていた作業の効率があがるのだと信じて、両足でしっかり踏みきって飛び移ろう。

目の前のかけがえないチャンスに感謝して、集中しよう。動揺やパニックは抑えること。自分のスイッチを疑ってはいけない。このスイッチに従えば、いったん中断した作業と新たに着手する作業どちらにも、新たなひらめきと洞察がもたらされると信じるのだ。

中断した作業に再び戻る時は、スイッチを切り替える前の心境と今の自分を比べてみるといい。何が変わったか、気力は高まったか、リフレッシュし新たな活力がわいてきたか。苦もなく新たな発見に出会えたか、注意転換のおかげでどんなメリットが得られたか。

スイッチ切り替えのような新たなスキルを定着させる方法は、早い段階でその見返りに気づき、最初は難しく感じられる新たな行動を強化することだ。

どんな人でも、目新しいアイデアや視点、ひらめきを手にする喜びをもっと味わいたいと思うだろう。それこそが、デキる人間を目指す上での大切なステップなのだ。

思考を整理する６つの法則

⑤スイッチを切り替える

脳は同時に２つ以上のことを進めるマルチタスクには向いていない。むしろ、ひとつの物事に深く集中する一方、早急な対応が必要と判断したら素早く注意を転換し、新たな対象に前と同じだけの集中力を発揮する力、注意転換能力を備えている。

具体的にどうすべきか

▷思考のフットワークを軽くする
▷意識的にサイロを破壊する
▷ストレッチなどで体を動かし頭をすっきりさせる
▷新たな状況の良いところを探す
▷適切な判断をする
▷マルチタスクをしない
▷自信を持って新たなチャンスに飛び移る

第8章

思考を整理する6つの法則⑥
——スキルを総動員する

頭の中から身の周りまで秩序を取り戻す

ここから大切な話に入る。今まで学んだスキル全てを活用するときが来た。

準備は万端なはずだ。**あなたは動揺を抑え、注意を一点に向け、衝動をコントロールした。記憶力に磨きをかけ、スイッチの切り替えもできている。**

今までは「思考を整理する法則」に従い、別々の取り組みとして段階的に思考の整理という挑戦にアプローチしてきた。一度に一歩ずつ前進し、ひょっとすると毎日の生活にすでに好ましい変化が表れているかもしれない。

「習うより慣れろ」と言うように、新たなパターン、新たな生き方を身につけるには時間がかかる。そこで今度は、ひとつひとつのステップを統合し、頭の中も身の周りも整理整頓された生活——単に鍵の置き場所を忘れないといったレベルをはるかに越えた生活——を手に入れなければならない。

具体的な方法(それに、そこから得られる心躍る可能性)を詳しく解説する前に、科学的な視点から脳という器官全体について少し見ていこう。

私たちは脳を理解する出発点として、脳内には感情を司る原始的な部位があり、この部位を抑制し、私たちを圧倒し思考を麻痺させる強烈な感情をコントロールする必要があることを学んだ。

感情の仕組みを理解した後、思考を司る、脳内で最も進化した複雑で相互に関連し合った部位を詳しく検討した。今では皆さんも、注意を払う、スイッチを切り替えるといったスキルを実践し、その能力に磨きをかけるたびに、脳の各部位が活性化する様子を想像できるだろう。

ここからは、スキルを総動員するために連携して機能する、驚くべき脳内回路に目を向けていきたい。

最先端の研究で明らかにされつつある脳内ネットワーク

本書全体を通じて、脳の機能の連動性と、それが「思考を整理する法則」や、生活を整理するため身につけられるスキルや行動にどれほど重要なものかを説明してきた。

だが、メグ・コーチのアドバイスに移る前に、「スキルを総動員する」と題したこの章では、科学技術が（こちらも）いわばその力を結集して、脳全体の統合への理解を深めてきた経緯を多少把握しておきたい。

近年、数十億個の脳細胞が数兆個の神経細胞どうしの接続を通じてひとつの組織として機能する仕組みを探る研究が爆発的に増加している。最先端の研究と新技術により、人間の脳内ネットワークが明らかになり、大規模な集積処理を行うために脳がどのように構成されているか解明されつつある。

この脳内ネットワークは、最小限のエネルギーで最大限の能率を達成できる。ネットワーク全体が機能する上で欠かせない、高い接続性を持つハブが脳内に存在することも科学的に説明されている。脳という組織には、情報を小さく分割し別々の部位で並列的に処理する能力も備わっている。

本書で扱う思考を整理する取り組みには、いくつかの脳内ネットワークが関係するのではないかと指摘されている。

ひとつ目は、新たな情報や機会に対し注意を怠らないための警戒ネットワークである。これは明らかに、脳を活性化させ行動を起こす準備を整える上で不可欠な基本的ネットワークだ。

ふたつ目は、警告を受けた脳が資源を活用して、新たな情報・刺激に反応するために必要な、誘導ネットワークである。

そして最後に、実行制御ネットワークが登場する。これは、人間の思考、感情、行動を司る脳内の領域であり、前帯状皮質や前頭皮質など、注意や集中に欠かせないとされる部位が含まれる。

この3つの機能が、陸上競技でいう「位置について、用意、ドン！」に似た3段階方式で機能する。まず警戒ネットワークが、これから始まるレースの準備をさせる（位置について）。次に誘導ネットワークがランナーに両手をついて屈ませ、次の合図で飛び出せるよう構えさせる（用意）。そしてスターターのピストルが鳴ると、実行制御ネットワークが素早く行動に移り（ドン！）、ランナーが疾走する中で足の運びや正しいフォーム、隣のコースは誰でどれくらい速いかなどの情報を統合するのだ。

こうしたネットワークの仕組みを理解する上で、もうひとつ重要になるのが機能相互の結びつきである。ちょうど全米の主要都市がケーブルや電線でつながれ、信号を自在にやりとりして絶えずコミュニケーションを続けているように、脳内の機構どうしが接続しているのだ。

もちろん、こうしたたとえは、まだ完全に解明されていない高度に複雑なプロセスを簡潔化したものに過ぎない。だが、脳内ネットワークの相互作用をめぐり多くの謎が残るとはいえ、近いうちに一定の答えが得られるかもしれない。

神経回路の仕組みの解明は21世紀最大の課題

国立衛生研究所は2010年の秋、最先端の脳画像撮影技術を使って人間の脳内回路をマップ化するために総額4000万ドルの助成金を交付した。このヒト・コネクトーム・プロジェクトが、脳機能の根底にある神経回路の仕組みを知るための洞察をもたらしてくれるだろう。最初の助成金は、ワシントン大学セントルイス校、ミネソタ大学ツインシティ校、ハーバード大学医学部付属マサチューセッツ総合病院、カリフォルニア大学ロサンゼルス校（UCLA）の研究者が率いる2件の共同研究プロジェクトに充てられる。

ミネソタ大学のカミル・アガービル博士とともに研究チームのひとつを率いる、ワシントン大学のデビッド・ヴァン・エッセン博士はこう説明する。「私たちは21世紀最大の科学的課題のひとつに、一丸となって取り組む予定です。ヒト・コネクトーム・プロジェクトは変革的な影響をもたらし、加齢に伴う脳内神経回路の変化や、精神疾患・神経疾患で見られる変化との違いについて理解を深めるための道が開けるでしょう」

ヒト・コネクトーム・プロジェクトを指揮する、国立精神保健研究所のサイード・マイケル・

ウエルタ博士は次のように説明する。「この共同プロジェクトでは、最先端の画像検査機器や分析ツール、情報技術を過去にない規模で活用し、得られた全データを研究コミュニティで自由に共有します。人間の思考・認知・運動スキルの多様性の根底には、脳内回路の個人差があります。そのため脳内ネットワークを理解すれば、必ず脳の健康促進につながります」

ワシントン大学とミネソタ大学の共同チームは、健康な成人１２００人を対象に脳内回路の地図（別名コネクトーム）を作成する計画だ。

このプロジェクトではサンプルに一卵性双生児と二卵生双生児を含み、遺伝子と環境が脳内神経回路に与える影響を調査する。従来比10倍の撮影速度で鮮明な画像が得られる、新たな撮像手法に基づくコネクトーム・スキャナを用いて、安静時に加え、被験者に前章までで紹介したような課題を実行させた際の脳の活動を調べる。

今私たちは、脳という人間が持つ最も複雑で素晴らしい器官の理解に向けて、大きな進歩を期待できる時期を迎えているようだ。皆さんも本書を読み進める中で、今まさに生まれようとしている数々の発見の意味を理解する準備ができたのではないだろうか。

だが今、思考を整理する最後の法則で一番大切なことは、行動を起こすことだ。

皆さんは、これまでの章で紹介し練習を重ねてきた様々なスキルを、ひとつにまとめ調和させる用意ができている。メグ・コーチが、思考の整理に成功した人々のケーススタディを例にとりながら、具体的な方法を教えてくれる。

メグ・コーチのアドバイス　行動を起こす

思考を整理する最終的な目標は何だろう。

常に時間厳守で決して遅れず、どんなときも生産的で立派に責任を負い、時間の無駄は一切なく、家には塵《ちり》ひとつなく、ガレージの荷物は全て棚や容器にラベルを貼って保管されている――そんな超効率的な生活を送ることだろうか。

当然、そうではない。

たとえそれが現実的な目標だとしても、私たちは本当にそんな人生を過ごしたいのだろうか（もちろん、ガレージは整理してある方がいいけれど）。

思考を整理する本当の目標は、一段高い視点から生活を見直し、全体像を把握した上で行動を起こせるようになることだ。仕事、家庭、恋愛関係、友人、地域、健康など生活の大切な場面で、思考が混乱すると誰もが困った状況に陥ってしまう。チャンスの喪失、お粗末な計画、下手なコミュニケーション、絶え間ない刺激などに足をすくわれるのだ。

思考が整理され状況をコントロールできていれば、日常生活で起きる混乱を受け入れ、上手に処理できる。車が故障した、部の予算を削減された、娘が大切なサッカーの練習を忘れたといった事実自体は、変えられないかもしれない。

だが頭が整理されていれば、大小にかかわらずその問題を克服し、ピンチに巧みに対処できる。トラブルを回避し、同じミスや混乱が二度と起きないよう何らかの手を打てる。しかも、怒りを爆発させたり、状況を悪化させて負の連鎖に陥ることなく、問題に対応できるのだ。

生活の場面に応じて、私たちの頭の整理状況は異なる。たいていの人は、自宅より職場での態度の方がきちんとしている。オフィスでは責任を負い、成果を期待され、折り目正しく振舞う方がはるかに都合が良いからだ。

だが職場の机はきれいに片付いていても、ウエストは膨らむ一方で体のあちこちが痛む。それなのに、運動したり病院に行く時間は作れない、といった場合もあるだろう。

あるいは心が満たされないのに、日曜に教会に通ったり、暇をみつけて瞑想にふける余力がない人もいる。妻（夫）に当たり散らすばかりで、２人の時間を楽しむ機会を作れない人もいるだろう（だって、仕事と子育てで手いっぱいだから！）。

これは全部、思考の混乱を隠す口実に過ぎない。全てをこなし全てを手に入れることは誰にもできないし、ロボットのような効率性は受け入れられない。本書が目指すのはそこではない。だがこの本を通じて、生活のあらゆる場面で大局を見る目を養うことはできる。

本書で訴えてきたポイントのひとつは、脳は本来的に整理能力を備えており、デキる人間になるためには、すでに自分の中に備わっているスキルを学び、能力を活用すればよいということだ。

皆さんが本書を読み進め、前章までのアドバイスや提案を通じて、こうしたスキルのいくつかの習得に取り組んできたなら、そのスキルを総動員して混沌の森を抜け、見晴らしのよい高台にのぼる準備ができているにちがいない。

本章では最後の法則として、混乱の森を抜け穏やかな澄んだ青空を目指すために「思考を整理する法則」の最初の5つを組み合わせ、統合的に活用する方法を学んでいく。前章までとは構成を少し変え、今回は私が出会ったケーススタディを紹介する。

私は個人向けコーチングも手がけており、クライアントの多くが、生活の混乱をめぐり同じ不安を抱えている。

ハマーネス医師のもとを訪れる患者と違うのは、彼らは幼少期に端を発する問題を抱える場

合が多いのに対し、私のクライアントは、生活の特定の場面で現在進行形の問題に直面していることだ。クライアントは往々にして行き詰まり、事態をコントロールできなくなっている。

私は、本書で皆さんに教えたのと同じ方法で彼らを手助けしている。すなわち、「思考を整理する法則」とそのスキルを総動員する秘訣を教え、自信をつけさせ、思考を整理し生活を整理するという最終的な目標を達成するためのツールをあたえている。

そうすることで、目的意識や目標感がある生活、様々な機能を連動して活用し、基本的にほぼ毎日、正しい判断や適切な選択を下せる生活、充実した有意義な生活を手に入れることができるのだ。

ケーススタディ① 新しいアイデアをひらめいたミーガン

ミーガン～変化が生んだ成果

38歳のミーガンは、ボストンの広告代理店で活躍する期待の星だ。保険会社に務める夫と、8歳、5歳の子どもとともに暮らしている。

共働き世帯につきものの苦労に加え、ミーガンはここ数年チャリティランに参加し、自分の母親も患っている乳がん支援のため募金活動に協力している。募金活動と同時に、約8キロ走るためのトレーニングもしなければならない（今のままでは、到底完走できない）。

私が初めて会ったとき、ミーガンは部長への昇進を告げられたばかりだった。普通なら大喜びするニュースだが、彼女はこの話を受けて正解だったのか迷っていると告白した。

「ありがたいけれど、辞退すればよかった」と彼女は悲しげにつぶやいた。

「なぜですか」と私。

「私につとまると思えません。娘は幼稚園で息子は3年生。今の子どもはみんなそうですが、2人とも放課後に色々習い事をしています。送り迎えなどやることが沢山あって。その上、母の看病に募金活動とチャリティランもあるんです。もちろん、夫のための時間も必要です。それなのに、部長になってから出席する会議が増え、部下も増えてもっと大きなプロジェクトを任されました。全部こなせる気がしません。朝起きて、何から手をつければいいか途方に暮れることもあります。パソコンを立ち上げるか、子どもたちのためシリアルの箱を開けるか、それともランニング・シューズを履こうかって」

話すうちにミーガンはますます興奮してきた。明らかに彼女の思いは千々に乱れ、どうすればよいか分からなくなっている。さらには、昨日やり忘れたことや明日やるべきことが気になって、夜もあまり眠れないという。

ミーガンは、頭の中を整理する必要があった。

第一のステップ――最初の3つの法則を習得する

私はまずミーガンに、最初に動揺を抑える方法を見つけねばならないと説明した。彼女のライフスタイルや生活習慣を詳しく聞き出し、睡眠不足を解消する方法をいくつか考えだした。これが色々な形で本人にプラスに働く上、何よりも、十分休息をとれば心の落ち着きを失わずにいられるだろう。

決まった時間を過ぎたら、カフェインは口にしないことにした（彼女は時々夕食後にコーヒーを飲んでいたので、カフェインレスのコーヒーに変えるようアドバイスした）。**子どもを寝かしつけた後はパソコンに向かわず、毎晩の習慣になっているワイン2杯もやめることにした。**私は彼女に、午後8時30分にはパソコンと携帯電話の電源を切り、自分の思考でなく感情に注意を向けて、自室で10分間深呼吸するよう勧めた。

その後は、足を壁に上げるポーズをとる。ヨガ教室に通った人なら、誰でも知っている有名なポーズだ。**背中を床につけ、壁に沿って足を垂直にあげるだけでいい。寝る前に5分間この**

ポーズをとれば、眠りにつきやすくなるだろう。

アルコールやおやつについても見直し、夜はチョコレートもコーヒーも止め、ワインをグラス2杯から1杯に減らした。ワインを飲み過ぎると、夜中に目が覚めてしまうことがある。

これでベッドに入る頃には、リラックスし心地良い眠気に襲われるようになる。さらに、就寝時間を1時間早めることにした。ミーガンの申告によると1日の睡眠時間は平均5～6時間だったが、一般に理想的な睡眠時間は7～8時間とされている。

朝、1番最初に大切な仕事に集中する

最初の目標は、動揺を抑えることだった。その手段のひとつとして、私は、ミーガンが夜を穏やかに過ごし十分な睡眠をとれるよう協力した。

次に目指したのは、今まで以上に長時間、何かに100%集中できるよう意図的に努力することだった。私は、自分がやって効果的だった方法をミーガンに提案した。

たっぷり睡眠をとり、穏やかな気持ちで朝会社に出社したら、次から次へと色々な仕事に手をつけるのはやめる。

私はミーガンに、できれば午前10時前に会議は入れず、その日一番大切な仕事に集中するよ

う指示した（むろん、上司が8時半に会議を招集した、緊急事態や新たな問題が発生したなど、それが無理な場合もあるのは承知している）。自分でスケジュールを管理できる日は、1日のプランをしっかり立てて出社してもらうことにした。

会議は入れず、朝一番のメールチェックもやめる。同僚とのおしゃべりに加わらない。これらは全部後に回し、自分にとって一番大切な仕事に専念するのだ。

彼女の場合、一番大切な業務は新たなクライアントの事業内容とその会社の過去のマーケティング・広報活動を調べることだった。いわゆる状況分析であり、その名の通り、広報面でのクライアントの課題と機会を詳しく検討することが求められる。

分析は本来的に集中力を必要とするため、注意力を養うには格好のチャンスと言えた。**そこで、毎朝1時間半は何も予定を入れず、メールや電話は無視し、ゴシップ好きの同僚にも近づかないようにした。**彼女には、状況分析だけに集中してほしかったのだ。状況分析には、大量の資料の読みこみと熟慮（昨今は軽視されている能力）が求められる。

ミーガンの場合は朝が一番集中できるが、夜や昼食後など、人によって時間は違うだろう。集中できる時間帯が1日のうちいつであろうと、問題ない。大切なのは、他の用事を全て後回しにして何かに集中し、その集中力を保つことだ。

集中するため、他人に失礼な態度をとる必要もない。ドアを閉め、アシスタントや同僚、夫（妻）に一言声をかけておけば十分だろう（「悪いけど、ちょっと集中したいから……」）。

誰もが押し寄せる様々な刺激に悩まされている昨今、集中する時間の大切さを相手も分かってくれるにちがいない。

理性のブレーキを踏む

ミーガンは、就寝前の過ごし方を変え生活習慣を多少見直した。動揺が収まり十分な休息をとれるようになると、新たなクライアントの分析に専念するという朝の日課に一層スムーズに取り掛かれるようになった。

すでにその成果も出ていて、クライアントに関する知識が増え、その企業が抱える広報面の課題を自分が解決できるという自信も高まりつつあった。

次に取り組むのは、理性のブレーキをかけ衝動的な行動を防ぐこと、すなわち「思考を整理する法則」の核心である抑制制御を実行に移すことだった。

集中力の向上と並行して抑制制御の練習をしたが、彼女がこのスキルを伸ばすため意識的に努力した結果、生活の他の場面にも波及効果があらわれている。

ミーガンは、集中を乱す刺激に反射的に対応しないよう練習し、一度深呼吸してこう自分に語りかけるようにした。**「気になる刺激がある。どうするか選ばないといけない。自分に役立つアドバイスをしてあげよう。今一番いいのは、やりかけの作業を一旦中断し、後でまた再開することだ」**

時には、急を要する事態が起きることもある。ミーガンは、一旦手を止めて別の用事に移り、スケジュールを調整して昼前に再び状況分析に戻ることに決めた。一度立ち止まり、心の中のカウンセラーと相談するだけで、状況が見違えるように良くなるものだ。

ミーガンはもう、全てのメールに即座に返信しなければと焦ったりしない。朝の日課となった状況分析に取り組んでいると、ときおり画面にメール着信のお知らせが表示される。以前の彼女なら、それを見た途端に今の作業を中断し、メールに返事をしていただろう。だが今は、一番大切な業務に集中できている。

電話がかかってきた、ゴシップ好きの同僚に話しかけられた、ふらりと立ち寄った友人に昨夜のテレビ番組の感想を聞かれたといった場合も、基本的には同じように対応する。

ミーガンは、丁寧な断り方を知っているため相手の鼻先でドアをピシャリと閉めたりはしない。余計な刺激をしめ出すことも大事だが、周りにどう見られるかも大切なのだ。だが今では彼女は、注意をそぐ邪魔が入っても冷静に自分の衝動を抑え、目下何より大切なクライアントの分析に集中することができる。

メールや同僚とのおしゃべりに対応する時間は、後でたっぷりあるだろう。

さらにミーガンは、2週間に1度の私との電話セッションで、こんな報告をしてくれた。

面白いことに、職場で集中力と衝動抑制のスキルを訓練するうちに、家での過ごし方に変化が起きたのだという。

今の彼女は、夕食を作る、母親と電話で話す、娘の宿題を手伝うといったひとつひとつの用事に集中できている。

隣の部屋の騒音、電話の音、犬の鳴き声などに以前のように注意をそがれなくなった。余計な刺激の重要度を評価できるようになったのだ（「あれは何かが割れた音かしら？　違うなら大丈夫。何か落ちたみたいだけど、後で拾えばいいわ」）。

新たなピンチに大慌てで駆けつける代わりに、目の前の作業に専念することで、より大きな成果をあげて内面の動揺を抑えられ、おかげで（カフェインを抜き、ワインを減らし、深呼吸とヨガを取り入れた甲斐もあって）夜に安心して眠れるのだ。

第二のステップ――スイッチの切り替え、作業記憶、整理された生活

初めて私のオフィスを訪れたとき、ミーガンは様々な用事全てにどうすれば同時に対応できるか、分からずにいるようだった。仕事（昇進）、子育て、結婚、家事、母親の介護、募金やチャリティランの練習を含む家庭外での活動の時間など、どれかをこなしながら、頭の中では今やっていない別の用事のことを絶えず思い悩んでいた。

当然、部長という新たな役職で失敗を犯したくない反面、子どもとの時間も大切にしたかった。彼女は大きな葛藤を抱えていた。

そこで私は一計を案じ、情報の再現（作業記憶）と思考の柔軟性（スイッチの切り替え）という、２つの思考を整理する法則を使って、彼女の優先順位を整理することにした。

私はセラピストではなく、変化を専門に手がけるコーチだが、彼女の行動を変えるには不安の背景を少し話し合う必要があった。

ミーガンは、自分の絶望感を克服する鍵は、母親、妻、主婦といった彼女の他の仕事ではなく、会社での仕事にあると考えていた。生活の他の側面ももちろん大切で、会社以外での役割も彼女の混乱と当惑に拍車をかけていたが、職場での業績に対する不安が他を上回っているように思えた。

ミーガンは、会社での仕事（具体的には、新たなクライアントであるボストンの地方銀行）を中心に据えて、思考の整理という課題に挑戦することにした。

このプロジェクトを成功させることができれば、自分の仕事ぶりに自信を持てそうな気がした。それが結果的に、生活のそれ以外の場面での自信（およびコントロール感の高まり）につながるだろう。

言い換えれば、やり残した仕事を家でクヨクヨ思い悩まず、今日も頑張ったと穏やかな気持ちで帰宅できれば、夫や子どもにもっと真剣に向き合い、安らかな気持ちで眠りにつけるだろう。

これで話は決まりだった。彼女はこれから、順調に進んだ最初のステップ（動揺を抑える、集中を持続する、衝動を抑制する）に加え、デキる人間を目指す旅路の中で最も楽しく見返りが大きい行程へと歩みだすのだ。

作業記憶とスイッチの切り替えという高次のスキルを身につければ、整理整頓能力や段取り能力が向上するだけでなく、効率的になりあらゆる作業の質を高められるだろう。

ミーガンの場合、地方銀行のイメージアップを図る方法を見つけねばならなかった。

不況の頃のアメリカの銀行のご多分にもれず、その地銀にもいくつか問題があった。

アンケートの結果、その銀行は全ての人に嫌われていた。小切手発行手数料やＡＴＭ手数料をとられる上、サブプライム危機以前は安易な融資を繰り返した一方、危機後は手のひらを返したように貸し渋る。一部の年配の顧客は、預金通帳が廃止されたことを今も腹立たしく思っていた。他方で若者には、ＡＴＭの設置台数が少ない、オンラインバンキングの処理速度が遅過ぎるといった不満があった。

銀行の経営陣が、ミーガンや上司を交えた打ち合わせでこうした問題を打ち明けると、上司はクライアントに、全て我が社が解決しますと請け合った。「ミーガンに任せれば大丈夫です」とは上司の弁だ（「あきれた、私ひとりに押しつけて！」とミーガンはひとりごちた）。

最初は彼女も、どうすればいいか検討がつかなかった——私のもとを受診しようと決めたのは、この頃だ。問題は手に負えないように思えた。

当時は全米の金融機関が未曾有《みぞう》の危機に直面していた。その地銀は、倒産せずに済んだだけましだったと言える。景気は回復基調だが、その足取りは重かった。逆風が吹き、しかもどの要因も一介の広告代理店の手に負える範囲を越えている中、クライアントに対するマイナスイメージを一体どうすれば変えられるだろう。

別に広報関係の人間でないため、当然私にも答えは分からなかった。**だがミーガンの頭の中**

を整理するため2人で話し合い、毎朝集中できる時間を作るよう提案した。その間は出来る限り余計な刺激に気をとられず、目先の問題に100％注意を向けるのだ。

こうして資料を読み、クライアントの現状や業界・消費者を取り巻く動向の分析を通じ理解を深めるうちに、冷静さを取り戻したミーガンは、この銀行を助ける方法に気づき始めた。

アイデアを集めて洞察を手にする

次に、クライアントに提案する広告キャンペーンのビジョンを作成しなければならない。大きなアイデアの土台となり、ひらめきをもたらす、作業記憶のかけらを集める必要があった。彼女は、クライアントとの打ち合わせで出たアイデアや、上司が提案したアイデアを紙に書き出した。

もちろん彼女自身の頭にも、静かな朝の集中タイムに様々なアイデアが浮かんでいた。中には、チャリティランに備えランニングマシンに乗っている最中に思いついたものもあった。さらに多くのアイデアを集めるため、スタッフを集めてブレインストーミングも行った。

私はミーガンに、集めたアイデア全てを一目で見渡せるよう、並べてみてはどうかと提案した。様々な選択肢やアイデア、思考の断片を（1枚の紙やスクラップブック、パソコンのファイルにまとめて）吟味する中で、ミーガンは作業記憶に豊かな蓄えを築いた。

これで、頭の中で情報を再現して検討できる。こうした情報の断片の中から、素晴らしいアイデアが生まれることもある（余談だがコーチング以外の分野でも、この手法が使われている。フロリダ州セントピーターズバーグに本拠を置くジャーナリズム研究機関、ポインター研究所の有名講師ロイ・ピーター・クラークは、記事執筆の重要なステップとして「堆肥《たいひ》作り」を勧めている。書きたいテーマに関する情報の断片を集め、それを紙面でも電子データでもよいから一カ所に集約するのだ。まさに本書のアドバイスと同じで、情報をまとめておけば後で再現してじっくり考えられる。たとえるなら、記事を明るく照らすアイデアの炎を生みだす薪が一杯つまった、薪小屋のようなものだ）。

その次は洞察を導きだす番だ。独創的なアイデアが出てくる場所にたどりつく必要がある。情報の再現を通じてひらめきの糸口が見えたら、チャンスを素早くつかまえる態勢を整えなければいけない。ここで大切になるのが、以前に説明したスイッチの切り替えである。

別に私も、ミーガンの頭の上に電球が灯る瞬間をその場で見ていたわけではない。ひらめきは、彼女が机の上のメモを調べていた時に降りてきたかもしれない。あるいは、チャリティランの準備のため5キロのウォーキングに励んでいる最中や、家でダラダラ過ごしている最中、壁に足をあげるポーズをとっている最中に思いついたかもしれない。

大切なのは、ひらめきが降りてきたことだ。**記憶が起爆剤となり、ミーガンは思考の柔軟性（スイッチの切り替え）を活用して問題に対して全く新たな解決策を導きだすことができた。**

その結果、ひとつだけでなく2つの素晴らしいアイデアが生まれた。

ひとつ目はイメージ広告キャンペーンだ。

銀行の実際の利用者——銀行の資産管理マネージャーのアドバイスのおかげで、子どもを無事大学に通わせることができた人、住宅ローン返済に困ったが銀行の債務整理で自宅を手放さずにすんだ人——に、なぜその銀行を使い続けるのか語ってもらう。こうした取り組みは過去に例がないようだった。

だが、ある朝の集中タイムでミーガンは、銀行から支給された大量の資料に埋もれかけていた、顧客からのメールを掲載した1冊のファイルを見つけた。驚くほど多くの顧客が銀行に好意的で、中には心温まるエピソードさえあった。

これを作業記憶の片隅に置いておくと、あるクレジットカード会社の広告が記憶に蘇った。長年そのカードを愛用するセレブの声を紹介したキャンペーンだ。

ここでいわば、スイッチが切り替わった。その銀行は地元メディアに広告を展開していたが、単に利率を宣伝するだけでなく、顧客と築いた関係性を広告で取り上げてはどうだろうか、と考えたのだ。

彼女にはふたつ目のアイデアもあった。クライアントから事前に、大学生（ボストン近郊は学生が多い）の新規口座開設を積極的に促したいという要望を聞いていた。ミーガンは部下に、国内の銀行が大学生に対しどんな広報活動を行っているか調べさせた。すると部下から、他の銀行が設置しているフェイスブックのページへのリンクが送られてきた。

この情報も、彼女の作業記憶にしまいこまれた。

ミーガンは、地銀が運営するフェイスブック・ページの開設を思いついた。サイドバナーに学生向け利率を掲載するが、単に銀行のメリットを宣伝するだけでなく、若者向けに資産管理のヒントやアドバイスを提供する。

ミーガンは以前ネット検索で、このテーマに詳しい専門家を見つけていた（この情報も作業記憶に保管されていた）。この人物に、資産管理のアドバイスを提供する若者向けの記事を定期的に投稿してもらってはどうだろう。銀行が学生向けに、営業目的ではない無料セミナーを開くこともできる。

思考を整理することでクリエイティブになる

こうしたアイデアは全て、一見無関係な情報を結びつけることで生まれた。広告を、単に銀行の商品を販売するためでなく、顧客のエピソードを伝える手段として活用する。ソーシャルメディアを使って、学生層に働きかける。営業目的でなく、情報を提供するためのフェイスブック・ページを開設する。

頭の中で情報の新しい結びつきを作る、既存の枠にとらわれない発想をするとは、まさにこういうことなのだ。そこで求められるのは単なる効率性の追求ではなく、革新性や独創性である。

思考を整理すれば、こんなことが可能になる。

正直な話、もしミーガンに業界での経験と才能がなく、部下や上司に恵まれず、クライアントに新たなアプローチに耳を傾ける用意がなければ、こうした成果は実現しなかっただろう。けれどそうした前提条件に加えて、ミーガンには新たに身につけた思考整理のスキルがあった。彼女が動揺を抑えられず、集中力や推進力がなければ、このアイデアもその後実際に展開したキャンペーン（ボストンの広告代理店協会から数々の賞を受け、最終的にミーガン本人も多額のボーナスを手にした）もそれほど上手くいかなかったかもしれない。

大量の作業記憶や、スイッチ切り替えと新たな連想を得意とする柔軟な思考力に支えられていなければ、アイデア自体もさほど魅力的なものにならなかっただろう。

彼女は全てのスキルを動員した。デキる人間になるとは、こういうことなのだ。それは、クローゼットのどこに何があるか完璧に把握しているとか、机の引き出しのペンを1本もなくさないといったこと（それはそれで役に立つが）とは別物だ。

デキる人間の脳は、大切な目標をやり遂げるために必要な手順を知り、混乱を収め生産的で問題解決につながる新たな洞察を得るため、「思考を整理する法則」を活用することができる。

思考を整理するとは、そういうことなのだ。ミーガンがこの能力を活かして仕事で大きな成功を収め、ひいてはそれ以外の人生も豊かなものにしたことを、私は心から誇らしく感じている。

ケーススタディ②　健康的な習慣で生活を変えたスチュワート

運動や健康的な食事ができない理由

営業担当役員のスチュワートは45歳、結婚して子どももいる。そんな彼が、ライフスタイルを見直すため私に助けを求めてきた。

私が企業役員向けのウェルネスコーチだと聞いた彼は最初、私のことを、一緒にジムに行って腕立て伏せのやり方を教えてくれる、個人トレーナーのような存在だと思い込んでいた。そこで私は、自分の役割は、彼が必要とする思考と行動の変化を実現するために協力することだと説明した。

さらに私は、彼が頭の中を整理できるよう手を貸した。

なぜなら多くの場合、定期的な運動や健康的な食生活を続けられない理由は、怠け癖ややる気の不足ではないからだ。問題の原因は、頭の中が混乱している点にある。体に良いと分かっている運動や食事の見直しをしない理由として、一番多くあげられるのは時間不足だ。「ジムに行く時間なんてない。健康的な料理を作る時間を作れそうにない」

私はしょっちゅう、この手の愚痴を聞かされる。

実はこれは、思考が混乱し物事に集中できない人の心の叫びなのだ。スチュワートもその1人であることに、私はすぐさま気づいた。

最初のセッションで、彼は健康問題以外に色々な話題に触れた。たとえば今、自宅のあちこちを手直ししているが、いつまでも作業が終わらず、妻のダイアンが腹を立てているという。

食生活を見直し少し体重を落としてはどうかとアドバイスしたのも、ダイアンだった（もちろん、かかりつけ医にも同じことを言われていた）。

スチュワートとは初対面だったが、ボールのように突き出したおなかを見る限り、確かに少し太り過ぎと思われた。彼は慎重にオフィスの椅子に腰をおろし、腰や膝が痛いと文句をこぼしつつ、有名なファストフード・チェーンのロゴが入ったコップからソーダを無心に飲んでいた。思わずそのロゴを凝視すると、彼はいたずらを咎められた子どものように大げさにうなだれて見せた。「分かってます、ファストフードなんか食べちゃ駄目だって。僕、悪い子ですよね」そう言われると、笑わずにいられなかった。スチュワートは、茶目っけある面白い男性だった。きっと今までも自分の魅力を活かして、やるべきことから上手に逃げてきたのだろう。

多くのクライアントと同様、スチュワートの毎日も多忙だった。仕事はやりがいはあるものの大変で、大口顧客のご機嫌をとったり、社内に導入された最新機器の使い方を苦労して習得しなければならない。

だが実際に話してみて、彼にとって目下最大のストレスは妻との関係にあると感じた。私はカウンセラーではないので、当然具体的なアドバイスはしないけれど、スチュワートは明らかに、家のリフォームをしろ、もっと運動しろと妻に絶えず「ガミガミ言われている」と感じていた。

こうした問題を解決できれば、彼の意欲や満足感が高まり、夫婦関係も改善して公私両面で充実した生活を送れそうな気がした。

家での動揺を抑えることで、職場での問題も見えてきた

動揺の表れ方は人によってちがう。ミーガンの場合は、誰の目にも明らかだった。スチュワートの動揺は（男性にありがちなことだが）比較的穏やかなもので、抑えつけられた緊張が時折、大声でひとしきり怒鳴る、モノを蹴ったり投げたりする、ビールを何杯か引っかけるといった形で発散された。

愛想良く振舞っているが、スチュワートが内心では医師の忠告を気に病んでいることも分かった。彼の父親は60代前半で心臓発作で命を落としており、自分も同じ道をたどるのではと案じていた。太り過ぎたせいで彼は意気消沈し、元気をなくしていた。自分の外見を好きになれず、以前のように効率的に物事を進められず、そのせいでさらに追い詰められ頭が混乱していた。

そこで全体的な方向性として、家庭と健康という彼の人生で一番大切な2つの場面をもっと

上手くコントロールできるよう、彼を手助けすることにした。そうすれば、色々な形で感情の変動を抑えられる。ダイアンにも喜んでもらえる上、健康的な食事と運動療法で体調自体もよくなるだろう。

スチュワートは時間を見つける必要があった。彼に変化を促しているのは妻だったので、私は、少し時間を作り、夫婦で協力して手始めに土曜日の過ごし方を見直してはどうかと提案した。

運動する時間を確保したかったスチュワートは、土曜朝一番に１時間運動してはどうかと言いだした。朝起きたら、暖かい日は散歩に出かけ冬場は近所のジムに通う。

運動の後は、最寄りのファストフード店に立ち寄ってジャンクフードを食べるのはやめ、妻と一緒に健康的な朝食を作って２人で食べることにした（できれば娘も一緒に食べるよう説得する。もっとも土曜日の朝９時となると、15歳の娘は大抵まだ寝ているが）。

さらにスチュワートは、朝食後は家のリフォームに専念すると約束した。

「思考を整理する法則」のような認知に働きかけるスキルとはちがうが、栄養が整理整頓や段取りをめぐる悩みに与える効果を、決してあなどってはいけない。朝食に卵白とオートミール、果物をとれば、かかりつけ医が喜ぶだけでなく、スチュワート本人も脳に燃料を補給できる。

脳に急激に大量の糖分が供給されると、激しい感情の変動につながる。朝食にドーナツを食べると、罪悪感を覚えるわりにお腹は満たされず、高血糖による頭痛や、その後の血糖低下による集中力の減少につながる。

スチュワートは、土曜朝の約束を守るには、金曜の夜の過ごし方を変える必要があると気づいた。ずっと前から彼には、仕事の後は同僚と近所の居酒屋に繰り出し、何杯か（たいていは3〜4杯）ひっかける習慣があった。どうしても飲みに行くのを止められないなら、せめてお酒の量を1杯にとどめ、早めに店を出なければならないだろう。

新たなスケジュールを2週間試した後、スチュワートは私にこう打ち明けた。「先週の土曜は、すっきりと目覚めました。だるさがなく、頭も冴えていました」というのもアルコールを減らし、仕事の後の帰宅時間を早めることで就寝時間も少し早まっていたからだ。

同時に夫妻は、スケジュールに微調整を加えた。私はコーチの本来あるべき姿にならい、その様子をそばで見守り、考察やアイデアを示したり励ましたり、時に提案を行ったりした。

スチュワートとダイアンは、毎週朝食後の10分間を使って、日曜大工の時間に何をするか計画を立てることにした（夫が日曜大工に励む間、ダイアンは近所のジムでエクササイズのクラスに参加する。つまり、彼女も週末の朝は運動することにしたのだ）。2人は、週末の過ごし方をめぐりけんかする代わりに、協力するようになった。それにより、スチュワートの緊張や動揺も収まっていった。

スケジュール管理が大きな変化を起こした

２番目の法則である集中力の維持については、どうだろう。**この問題は、スケジュール調整と時間割の作成で乗り切った。各時間についてやることを決めたのだ。**これでスチュワートは集中でき、注意散漫になるのを防げる。ゲストルームの浴槽の修理やガレージのペンキ塗りに（ついに）取り掛かる際も、妻を怒らせるのではという不安や、座りっぱなしでジャンクフードばかり食べる生活への自責の念に注意をそがれることはないだろう。ソファに寝そべってテレビを見たいという衝動に、ブレーキをかけることもできる。

なぜなら、夫婦で相談して朝の段取りを決めたおかげで、後でそうする時間がたっぷりあることを知っているからだ。

今のスチュワートには計画があり、これまで行き詰まっていた問題に取り組んでいる。感情が乱高下することもなく、夫婦は家の用事をめぐり言い争うのでなく、協力し合っている。

この取り組みを始めておよそ６週間後に、スチュワートは私のオフィスに立ち寄った。かなり痩せて外見がすっきりし、気分も良くなったという。**明らかに、運動や食生活の改善、健康的なライフスタイルへの転換のおかげだったが、夫婦でスケジュール管理に取り組まなければそのどれも実現しなかった。**

さらに新たな日課として、毎週日曜は朝一番に夫婦で散歩に出かけ、その後は家族全員で教会に行くことにしたそうだ。今までは、スチュワートが土曜に終えられなかった家の用事を片づけるのに必死で、教会になど行けなかったのだ。

教会が終わったら、健康的なメニューが揃った近所のレストランで妻と昼食をとる。その席で、自宅のリフォームの進捗状況を振り返るのだという。そのリフォームに関しても、初めて会ったときより熱心に説明してくれたのが印象的だった（予備の寝室をホームオフィスに改築中だ、と嬉しそうに話してくれた）。

2人の娘もこの変化に気づいた。別に夫妻が娘に早起きを促したわけではないが（何しろティーンエイジャーなのだから）、娘は、スチュワートが大工仕事をやっている間に宿題をするようになった。

そして日曜の午後には、友達の家やショッピングモールまで車で送ってと父親にせがむのだ。その頃にはスチュワートはすっかり上機嫌で、楽しい気分に誘われてつい、モールで使えるよう娘にお小遣いをあげてしまうこともあった。

さらに新たな挑戦をした

スチュワートは随分進歩したが、この段階では最初の３つの法則をようやく身につけたに過ぎない。ここでやめても何の問題もないが、彼はさらに上を目指すと決めた。

さらに次元の高い２つの法則を、使いこなしたいと考えたのだ。**前にも述べたように、本当の意味で独創的な思考はこの段階から始まることが多い。**彼はホームオフィスを作りたかった。上司と２人の同僚は随分前から週２日の在宅勤務を導入していて、通勤時間がなくなりストレスも減る、さらに静かな環境で創造的な仕事に集中できると言って、彼にも在宅勤務を勧めていたのだ。だが家庭内にストレスがある、自宅に作業スペースがない、自己管理できるか不安、邪魔が入るかもしれないといった理由で、それが名案に思えた試しはなかった。

心の動揺が収まった今、スチュワートは在宅勤務を真剣に検討し、挑戦してみたい気持ちさえ芽生えていた。ある日曜の午後、彼は妻に在宅勤務する場合に検討すべき事柄を全て一緒に考えてくれるよう頼んだ。

ダイアンは、彼が朝食・昼食に食べられるよう、体に良い食品を冷凍庫に入れておくと言ってくれた。スチュワートは、通勤に使っていた時間に運動できるのではないかと考えた。

彼の上司は、緊張感を保ち自分に挑戦するため、在宅で重要な案件に取り組む際はタイマーをかけているという。自分も、たとえば1時間以内に詳細情報を盛り込んだプロジェクト計画書を作成し、同僚と共有できるだろうか（地方銀行の広告キャンペーンを企画したミーガンと同様、スチュワートも妻の力を借りて、ここでは作業記憶を活用している。情報を再現しているのだ）。

夫妻は、予備の寝室をオフィスに変えるためレイアウトを決め、今寝室にあるものをどこに動かすか考え始めた。スチュワートは以前から、オフィスに窓が欲しいと思っていた。ホームオフィスならそれも可能だ。在宅勤務で1年間ガソリン代と駐車場代を節約すれば、日曜日のフットボール観戦用に最新型の薄型ハイビジョンテレビを買えるだろう。

だが同時に、在宅勤務のデメリットもまざまざと想像できた。自分は気が散りやすいタイプだ。テレビを見る、用事を済ませる、玄関口で来客に応対する、妻と話す、愛犬とたわむれる――。自宅に待ち受ける様々な誘惑に、どうすれば足をすくわれずにすむだろう。せっかく周囲の協力を得てホームオフィスを作っても、今以上に段取りが悪くなり生産性が落ちたら、結局はさらにみじめな気分に陥るだろう。

スチュワートの作業記憶にはすでに在宅勤務のあらゆる注意点が保管されていたが、彼はまだ踏ん切りがつかず迷っていた。一体どこから、洞察や新たな視点を得られるだろう。

目に見える結果が自信になる

私はコーチングを通じて、在宅勤務の長所短所を彼に考えさせた。スチュワートはやる気満々で、心身ともに健康的になり生産性を高めたいと思っていた。ガソリン代を節約でき、通勤に時間をとられない点も気に入っていた。

だが彼には自信が足りなかった。これまでずっと会社のオフィスで働いてきた彼にとって、在宅勤務は大きな変化になるだろう。自信をかき立て物事を新たな視点で見るには、どんな洞察が必要なのか。

ある土曜の朝、彼はジムで偶然友人に出くわした。友人はこう言った。「あっちの端からきみの様子を見てたよ。45分間休憩なしで、マシンを次々回っていたね。1年前は、数セットこなしたら飽きてやめてしまうから、ジムは苦手だと言ってたのに」スチュワート自身も、友人の言う通りだと思った。今の彼は自分から意欲的にトレーニングに励み、丸1時間集中力を維持できていた。

そのひとつの理由は、トレーニングの結果が目に見えたからだ（数年前は見えなかった胸筋と上腕二頭筋が、くっきり浮かび上がっていた）。加えてウエストも5センチほど細くなり、息を切らせず45分間早歩きできるようになった。疑いなく彼は、体形を元に戻し健康的な習慣を身につけることに成功したのだ。

翌週、スチュワートはこのエピソードを私に語りながらこう考えた。**自宅でも集中力を発揮し、効率的に仕事をすれば同じように大きな成果を出せるのではないだろうか。この発想を機に、スチュワートのスイッチが切り替わった。**彼は今、ホームオフィスを新たな視点で見ていた。彼はこのチャンスを受け入れた。

トレーニングと同様、ホームオフィスは彼にとって挑戦しがいのある課題だった。在宅勤務を上手くこなせれば、鍛え抜かれた胸筋や上腕二頭筋（ダイアンにも好評だった）に負けないほどの満足感が得られるだろう。

スキルを総動員する方法

ミーガンとスチュワートのエピソードから、思考を整理することで得られる見返りが明らかになった。

動揺や注意散漫という地雷を撤去し、十分に集中し作業記憶を活用すれば、新たな気づきを手にできる。まるで厚い雲が晴れたかのように、広大な風景が見えてくる。

その瞬間、少なくとも当面は人生の混乱から解放されたように感じる。自分の進む方向が明確になり、そこにたどり着くまでのプロセスに自信を持てる。最高の気分だ。

当然ながら2人の状況は皆さんとは違うが、彼らのエピソードのどこかに、皆さんの生活に通じる要素を多少なりとも見つけられたのではないだろうか。私たちが生活の整理に取り組む上でも、２人の体験からいくつかの教訓を学べるはずだ。

得意な分野ひとつから始める

仕事、家族、人間関係、（スチュワートと同じく）健康など、**絶対成功させたい分野、一番上手くいく自信がある分野をひとつ選ぼう**（思考を整理する法則や様々なツールへの理解を深めた今、その自信も高まっているはずだ）。だからといって、手強そうな問題を無視するわけではない。時が来れば、そうした問題にも取り組んでいくが、成功が成功を生むというのがコーチング業界では常識になっている。

信念を持つ

自分が選んだ分野で進歩が見られれば、他の分野にも波及効果が生じる。動揺や衝動を抑え、豊かな作業記憶を活用するスキルが高まるほど、次に取り組む分野にその能力を一層素早く効果的に活用できるようになる。

何でも挑戦と考える

最初は不安におののき、途中で何度か後退も強いられたものの、ミーガンとスチュワート（それに私が協力した大勢のクライアント）は、生活を立て直す過程を心から楽しみ、その成果に満足感を覚えるようになった。誰でも取り組み始めた当初は、そういうものだ。あなたも今は混乱し意気消沈し、圧倒されているかもしれないが、問題と向き合い、本書のステップに沿ってゆっくり着実に進み、アドバイスに従い最終的には全てのスキルを動員できれば、この旅から必ず満足感を得られるはずだ。**思考の整理は心身の健康に良いだけでなく、満足感や見返りを与えてくれ、やり方さえ間違えなければ楽しいものでもある。**

絶え間ない変化を受け入れる

人生は驚きに満ちている。嬉しい驚きもあれば、さほど嬉しくないものもある。周囲の藪をかき分け、澄んだ青空を目指してどれほど頑張っても、新たな出来事のせいで、せっかく手にした心の平安がすぐ乱されることもある。**思考を整理する過程で得られる心の平安と、それを覆《くつがえ》す混乱状態、どちらの瞬間も思う存分満喫しよう。**どちらも長くは続かないのだから。幸い今の皆さんには、思考を再び整理するスキルがある。

もう一度「思考を整理する法則」に従えば、混乱から秩序への移行が生みだす心の平安を取り戻すことができる。最終章では、この点を詳しく見ていこう。

思考を整理する法則

⑥スキルを総動員する

思考を整理する法則１～５で学んだスキル全てを実践し連携させることで、脳の資質を最大限活かし、目の前の問題を解決することができる。

具体的にすべきこと

▷自信がある得意な分野ひとつから始める
▷信念を持つ
▷何でも挑戦と考える
▷人生の絶え間ない変化を受け入れる

第 9 章

２人からの最後のメッセージ

―― 情報洪水の世界を生き抜く

増え続ける情報と新たなツールを使いこなす

デキる人間は未来を心待ちにしている。**最後の章では、今後もずっと思考が整理された状態であり続けるための方法を扱う。**将来的には技術進歩によりハイテク機器が次々登場し、人間は対処しきれなくなるのではないかと予測されている。識者はすでに、この問題に頭を悩ませている。ある評論家は『ニューヨーク・タイムズ』紙にこう書いている。「オンライン界は、単に人間の集中力の脆弱性を明らかにしたに過ぎない。私たちの集中力はあまりに低く、どんなささいな誘惑にも抵抗できはしない」、別の記事は「グーグルは人を愚かにするのか?」と疑問を投げかけ、人間の知能が「成長を止めている」と結んでいる。

皆さんも、「自分の脳は成長が止まっているかも」「グーグルやフェイスブック、ツイッターがバージョンアップしたら、もう使いこなせない」「スーパーコンピュータやナノテクノロジー、ロボット工学となるともうお手上げだ」と不安を感じているかもしれない。そんな方には、心配無用と請け合っておこう。

人間の脳と「思考を整理する法則」は強力なツールで、技術がどれほど進歩しようと対応を

可能にしてくれる。地球で生みだされる情報量の多さに圧倒される必要はない。それどころか、本書で説いた冷静さ、集中力、柔軟性さえあれば、じっくり考えた上で好きな情報を取り込むことができる。前章まで、脳の多様な機能を説明するため多くのイメージを活用してきた。思考の整理と聞いて私が思い浮かべる簡単なイメージは、積み木でできたピラミッドだ。法則をひとつ学ぶたびに、ピラミッドが高くなる。

メグ・コーチが第八章で指摘したように、混乱の森を抜ければ頂上からの眺めは素晴らしい。現在だけでなく、今後待ち受ける未来まで見渡すことができる。

ピラミッド登頂を果たした（あるいは頂上まであと少しに迫った）今、皆さんは未来を操る準備が整っている。皆さんの手元には素晴らしい眺望だけでなく、繰り返し活用できる「思考を整理する法則」という積み木がある。未来と向き合う際、この法則を何度でも頼りにできる。

「必ず持っておきたい」最新デジタル機器の宣伝文句を思い浮かべてみよう。便利、効率的、時間短縮、パワーアップ、低いビルならひとっ飛び――。**けれどあなたは、その道具に本当にワクワクするだろうか。**それは本当にキラーアプリやゲームチェンジャーなのか、そのパソコンや携帯電話があれば働き方や遊び方が全く変わるだろうか。

そうかもしれないし、違うかもしれない。

まずは深呼吸し、本当にないと困るか考えてみよう。今後の展開を予測することさえできる。たとえば本書を書いている現時点で、フェイスブックは世界で最も人気のＳＮＳでアクティブユーザー数は５億人に達する。だが先日の学会である技術コンサルタントは、５年後にはフェイスブックなどみんな忘れていると予言した。

それは疑わしいが、言いたいことは分かる。フェイスブックやツイッター、ユーチューブに次いで、現段階では誰も思いもつかない別の形のソーシャルメディア（あるいは、全く新たなデジタルコミュニケーションの手法）が今後登場するだろう。

確実にそのときは近づいている。実際にそれが登場しても、パニックに陥る必要はない。「こんなことで動揺するもんか。私は今まで色々な変化を乗り越えてきた、これからも大丈夫だ」と言い聞かせるのだ。むしろ新技術に伴う苦労ではなく、それを使って生活をどう効率化し、便利で楽しい人生に変えられるか考えてみよう。

避けがたい変化が起きたら、冷静に構えて大局的な視点で見通すこと。集中力や作業記憶、新たに身につけた柔軟な思考力を活用し、集中を切らさず着実に思考を進めよう。メールや携帯電話の登場がつい昨日の出来事に思えるが、そうした技術も職場や家庭に浸透するまでに時間がかかった。新技術の進歩は段階的で、初期のバージョンの不備を解決しながら改良が進められた。メール送信の方法を覚えたその日に、いきなり100件Eメールを送るわけではない。社会調査で分かるように、イノベーションの導入には現代でさえ時間を要する。

記憶力と柔軟な思考力を活用して「もしAをすればおそらくBが起こる。ひょっとするとCになるかもしれない。代わりにBから始めれば、Aは～」といった具合に自分と対話し、頭の中で何種類かのシナリオを描こう。

今この瞬間のみに捉われず、「以前にどんな対応をしたか、それは上手くいったか、駄目な場合はなぜ上手くいかなかったのか」を考える。**この思考プロセスを通じて状況をコントロールし、「その機器が自分の未来にどんな意味を持つか」自問することができる。**

インターネットは脳の敵か、味方か

思慮に富んだ冷静な視点に立てば、新製品のハードウェア、政界の新たな候補者、新たな思考の潮流など、何であれ最先端の物事を的確に受け止め、見せかけに騙されず口先だけの空約束を見破れるだろう。その新技術を取り入れ、極力早めに使い方を習って家で練習した方がいいかもしれない。あるいは、あまり使わない方が良いか、ひょっとすると自分には全く必要ないかもしれない。

最終的にどうするにせよ、不安もパニックもなく慎重に判断できるだろう。集中力は研ぎ澄まされ、反射的、衝動的な行動をとったりはしない。私たち誰もがそうあるべきなのだ。

本書の冒頭でも説明したように、現代社会は急激に変化し、仮想と現実を問わず大量の情報が流入し、とてつもないペースで私たちを呑み込んでいく。だが生き急ぐ必要はない。冷静な視点を保ち熟慮する余地を残さねばならない。

と言っても、「立ち止まってバラの匂いを楽しもう」といった類の陳腐なお説教をするつもりは毛頭ない。そんな暇がないほど誰もが忙しいのは、承知している。**ただ、庭園をエンジン全開で突っ走り、そこにあるバラをなぎ倒して突進する前に、本書で学んだツールを使って頭の中を整理し、賢明な判断をしてほしい。**

確かに、本書の教えを守るのが難しいときもある。まるで世界全体が巨大なタッチパネルであるかのように、誰もが瞬時に操作を求められるからだ。ある映像やアイデア、計画、情報から、別の映像や情報へと絶え間なく飛び回らねばならない。だからこそ集中力を保ち、作業記憶を使って情報を再現し、途中で立ち止まって目下の作業の目標を思い出さねばならない。

自分の思考を軌道に乗せなければ、ネットの世界で自分を見失ってしまう。**インターネット**

は必要不可欠な効果的な仕事道具だが、注意をそぐ要因でもある。この２つを混同してはいけない。**何かクリックする前に、一瞬立ち止まって考えよう。**目的なく検索するのはやめよう。自分はどんな情報を探し、一体何のために何を探そう（学ぼう）としているのか。

仕事の報告書に使うデータを確認するつもりが、ひいきの野球チームの打率や芸能人の新たなゴシップをスクロールしていたら、あなたは脱線してしまっている。その瞬間、注意散漫という病の犠牲者になっているのだ。デレク・ジーターやレディ・ガガの記事を読むのは楽しいが、その寄り道が原因で結局はのちのち時間がなくなり、一層混乱して切羽詰まる破目になる。

インターネットが人間の脳に与える影響が、今後次第に明らかになるだろう。最新の脳画像検査でネット検索中の脳の活動状況を調べた、様々な研究が発表され始めている。

ネットの魅力を扱った近年の研究では、被験者の過去のネット経験の有無により脳の活性度にちがいが生じることが分かった。ネットを体験したことがない人に比べ、経験者は（インターネットを使用している最中の）脳の活性度が大きいことが判明した。

すなわち、意思決定や思考の整理を司る部位を含めて、脳のいくつかの領域が活性化したのだ。これは、ネットの利用により人間は賢くなれるという証拠なのか、それとも逆に以前より愚かになることを示すのか。あるいは単に、インターネットは脳を酷使するだけなのか。真相は時が経てば分かるだろう。だがこの興味深い研究は、人間の体験に応じた脳の適応性と可塑性を脳科学的に証明するもうひとつの例と言える。

どんな技術が登場し将来何が起きようと、自分自身や自分の目標、夢に嘘をついてはいけない。その目標が当面の予定であっても、今週、この1年、あるいは今後10年間の計画であっても同じことだ。その姿勢さえ忘れなければ、いつでもスイッチを切り替えて、新しい貴重なチャンスを受け入れることができる。それこそが、21世紀型の整理された思考の特徴なのだ。

メグ・コーチの最後のアドバイス　思考の再整理

混乱の森を抜け澄みきった青空に登りつめた瞬間、全てがあるべき場所に収まっているように思え、すっきり整理された頭に独創的なアイデアがわいてくる。本書では何度か、そんな瞬間を話題にしてきた。その地点に皆さんをお連れするのが、この本の目標だった。

だが、その瞬間がいつまでも続くと思ってはいけない。

ハマーネス医師も指摘するように、脳は絶えず変化する動的な器官であり、思考が整理された状態も永久に続きはしない。刻々と変化する世界に合わせ、思考のあり方も変わっていく。

好むと好まざるとにかかわらず、新たな動揺や混乱、注意をそぐ誘惑、人生の悩みが必ず持ちあがる。子どもとの関係など、特定の場面では上手く対応できても、職場で取り乱す、姉が病気になる、町内会で余計な仕事を引き受けてしまうといった事態が起きる。

この新たな要因が、思考を乱し束の間の心の平安を乱す。あなたは少しずつ下降曲線を描きながら、元の森に戻り青空をしばらく見失ってしまう。そうなると、思考整理のプロセスに再び着手しなければならない。集中力を取り戻し、新たな気持ちで衝動抑制に取り組み、気づきを糧に自分にとっての優先順位を見極めてもう一度状況をコントロールできるよう、覚悟を持って前に進むのだ。

すでに学んだ内容をおさらいし、その知識を使って正しい道に戻ろう。

やる気にもう一度火をつける

私は第二章で、思考の整理は変化のプロセスであり、持続的な変化を起こすにはいくつかのポイントがあると説明した。**何より大切なのは、内面にやる気をかき立てる――思考を整理したいと思わせる何かを見つける――ことだ。**以前よりも頭の中が整理された今、自分の原動力は何か改めて考え、その思いが今も熱く燃えているか確かめよう。すっきり整理された人生を満喫している今なら、胸の炎はかつて以上に熱くなっているかもしれない。自分の人生をコントロールできているという自信のおかげで、元気がわいてくるはずだ。

夫や子どもに、「最近のきみは（最近のママは）心にゆとりがあるから、一緒にいて楽しい」と言ってもらえるかもしれない。同僚も、あなたが前より自信を持って前向きに仕事を楽しんでいる様子に気づいているかもしれない。

適応力を活かす

第二章のはじめに、自分の課題（変わるべき理由）を見抜き、それを克服する方法を考えねばならないと説明した。皆さんはここまでに、頭をすっきりさせ自信を持って前進するための様々な戦略を試してきた。好奇心や学習意欲といった自分の強みをリストアップし、生活の整理という夢の実現にその強みを役立ててきた。

その過程で次第に、動揺を抑え集中し、作業記憶を働かせるのに役立つ色々な習慣を考え、それが完全に身につくまで練習を重ねてきた。試行錯誤して解決策を見つけ、新たな習慣が脳内回路として定着するまで練習を繰り返す。そのための能力が、随分進歩したことだろう。

今のあなたには、その場その場で最適な判断をする力が備わっている。頭の回転が速くなり、手際も良くなっている。

体の声を聞く

思考の整理には、頭だけでなく体の問題も大きくかかわることをこれまで以上に実感しているはずだ。破壊と変化に取り組んだ時期に、健康的な生活習慣をおろそかにしていたなら、今こそ自分の体と向き合おう。**十分な睡眠をとり、週3回は運動に励み、寝る前に瞑想の時間をとり、脳に栄養を送るため朝食には良質なタンパク質をとる。**抗酸化作用を高めたければ、ボール一杯のブルーベリーを食べる。気分転換したいときは10分間のウォーキングに出かける。こうした習慣は様々な面で自分にプラスに働き、とりわけ思考を再整理する能力が高まるだろう。

集中の充実感を味わう

以前は、何をするにも集中できず苦労したのではないだろうか。それが今では、集中できたと思える時間が1日に何回もあり、晴れた日に気軽にサイクリングに出かけるように、くつろいだ気持ちで物事に集中できる。**集中すること自体を思う存分楽しもう。**

感情と理性のチームワーク

あなたにとって、感情はもう見知らぬ他人でなく、様々な気づきをもたらす貴重な友人だ。良識を備えた心の声に注意を向ければ、今やっていることを続けるか別の作業に切り替えるか、一番相応《ふさわ》しい判断ができる。衝動に腹を立てたり、逆に反射的に誘いに乗る代わりに、衝動とその感情がもたらす贈り物を温かく受け入れよう。

全てのスキルを発動する

揺るぎない集中力を身につけた今、あなたは自分でも驚くことに、大切な作業をこなす上で必要な作業記憶に蓄えられた全ての情報を整理する新たなスキルを獲得している。必要なスキルが手元に揃い、全体像に目を配って状況をコントロールできるのが、これほど素晴らしい気分だったとは！　**今やっていることをあえて中断し、新たな作業に移るのもそれはそれで楽しいものだ。**そのおかげで、思いがけないタイミングで、アイデアがひらめくこともある。大好物を口いっぱいに頬張ったときのように、新たな気づきが一気に訪れてあなたを喜びで満たす。感覚が研ぎ澄まされ、生きている実感を味わえる。

眺めを楽しむ

山登りをしたことがあれば、頂上に立って四方を見渡し、自然の美に圧倒され宇宙との一体感を感じるのがどんな気分か、分かるはずだ。皆さんが最後の山の頂上にたどり着いたとき、すなわち巧みに状況をコントロールできたとき、畏敬の念に打たれその光景の美しさに圧倒されたはずだ。その瞬間を忘れずにいよう。その思い出を糧にして、人生で出会う次の山を登っていくことができる。

人間は生まれつき、人生の風向きの絶え間ない変化に巧みに対応する力を備えている。私たちは、ひとつの嵐が過ぎ去るたび、よく頑張ったと自分で自分を褒めるものだ。しばらくは順調に行くが、それも長くは続かず、必死で手に入れた生活に新たな問題が持ち上がる。

心理学者のバーバラ・フレデリクソンは、近年行った研究で、自分の人生に満足している人はそうでない人と比べ、回復力が高いことを明らかにした。皆さんはここまで、「思考を整理する法則」にきちんと従ってくることができた。**結果として得られた人生の変化が大きなものであれ小さなものであれ、その体験自体が、今後起きる出来事に適応し、そこから立ち直って、速やかに確かな足取りで再び山頂を目指すための自信を与えてくれるはずだ。**

それこそが、生活を整理するだけでなく人生を愛する上で効果的な方法なのだ。

付録1　一目で分かる「思考を整理する6つの法則」

本書では脳の重要な機能を、「思考を整理する法則」と名づけた6つの法則にまとめている。誰もが身につけ習得できる、この脳のスキルを順に見ていこう。

1　動揺を抑える

効率的なデキる人間は、自分の感情を意識しコントロールできる。感情に翻弄される人と違い、デキる人は怒りや苛立ちを文字通りいったん脇に置き、集中してやるべきことに取り組める。わき出る心の動揺を素早く手なずけられれば、それだけ早く仕事を終えられ、自分も気持ち良く過ごすことができる。

2　集中力を持続する

集中力は、思考の整理に欠かせない土台である。計画を立てて自分の行動を調整し、段取りよく物事を成し遂げるには、集中力を保ち、周りに潜む様々な誘惑を無視できなければならない。

3　ブレーキをかける

赤信号や歩行者の飛び出しに対し、ブレーキを踏めば車がぴたりと止まるように、頭が整理されていれば、行動や思考を抑制したり中断したりできる。これが苦手な人は、そうすべきでないと分かっていても、今やっている行動を延々と続けてしまう。

４　情報を再現する

脳には、注意を向けた情報を蓄え、たとえその情報が完全に視界から消えても、分析と処理を行って今後の行動に役立てる、素晴らしい能力が備わっている。この能力には、脳内の作業スペースというべき作業記憶がかかわっている。

５　スイッチを切り替える

デキる人間はいつでも、突然のニュースや格好のチャンス、土壇場での計画変更に対応する準備ができている。集中力も必要だが、他方では、注意を引こうと競いあう様々な刺激の優先順位を判断し、すばやく柔軟にある作業から別の作業、ある想念から別の想念に飛び移る用意をしておかねばならない。こうした思考の柔軟性と適応性を、注意の転換と呼ぶ。

６　スキルを総動員する

効率的でデキる人間は、内面の動揺を抑える、持続的な集中力を育てる、思考をコントロールする、新たな刺激に柔軟に適応する、情報を再現するなど、本書で説いた能力を総動員することができる。彼らは、脳が様々な部位を活用して課題実行や問題解決を行うように、こうした資質を巧みに組み合わせて、目の前の問題やチャンスに対応する。

付録2　うまくいかない人の悩みトップ10と解決法

整理整頓が苦手というと、真っ先に何が思い浮かぶだろうか。車の鍵をキッチンのテーブルに置き忘れる、コンビニのカウンターにサングラスを忘れる、レストランの机の下に傘を置いてきてしまう——。

お馴染みの物忘れには、目新しいことなど何もない。だが、現代社会では技術進歩に伴い選択肢が増え、仕事、家庭、人間関係含めあらゆる面で複雑性が高まっている。**そのため見慣れた「うっかり癖」の影では、不注意と思考の混乱という問題が、社会を蝕む数々の健康上の危機とならび「注意散漫という病」という名称を与えられるまでに深刻化している。**

この本では、人間に本来備わったツールやスキルを生活の整理に活用する方法をめぐり、さらに深い気づきを促すため、脳科学の新たな進展を扱ってきた。

だが生活の中で、至って具体的な悩みに直面することもあるだろう。できれば本書を読み終わるまでに、皆さんには「思考を整理する法則」で紹介したスキルを練習し身につけてもらいたい。けれど時には、注意散漫と混乱をめぐるよくある悩みに対処するため、応急処置が必要になるかもしれない。
これから紹介する方法は、本書の教えに代用できるものではない。けれど困ったときは、メグ・コーチが教えるこの具体的な対処法が役に立ってくれるだろう。

1 うっかり癖「鍵、どこに置いたっけ？」

今やっている作業に注意を向けなければ、心ここにあらずになってしまう。たとえばシャワーを浴びながら同僚との言い争いを振り返ったり、車を運転しながら、帰宅が遅れて子どもたちが怒っているのではと案じたりする。おいしい食事の最中に家計の心配をし、鍵をテーブルに置いたり車を駐車場に停めるときには、頭はもう次のスケジュールで一杯で車や鍵の置き場所をきちんと覚えていない。

昔はこうではなかった。**誰でも子どもの頃は、今この瞬間に全ての注意を向けるのが得意だったはずだ。**大人になるに従い、ストレスや緊張が増え、やるべき仕事で頭が一杯になる。今この瞬間への意識を取り戻すには、色々な方法があるが、そのひとつを紹介したい。この方法を使えば、車の鍵もきっと見つかるだろう。

・自分の状態を意識する――今この瞬間に注意を向けているときと、そうでないときの違いを自分で意識するようにする。今はどちらの状態か、メモに書き留める。

・目標を決める――自分が1日のうち何割くらい、今この瞬間を完全に生きていたか考える。5割くらいだろうか。いつまでに、何割くらいに増やしたいか決める。

・スイッチを切り替え、今この瞬間に感謝する――今というかけがえのない贈り物を、味わおう。立ち止まって2～3回深呼吸し、自分の呼吸だけに集中して、あれこれ考える脳を鎮めよう。

・今に意識を向ける練習をする――1週間の間、何かひとつの作業にしぼり、それをする時は集中するようにする。たとえば今週は、携帯電話の置き場所に注意するなど。バッグやポケットのどこに電話をしまうか数秒かけて考え、しまった場所を意識する。次の週は鍵、その次の週はメガネの置き場所に注意を向ける。そうすれば夕方には、その日初めて口にするコーヒーや少量のダークチョコレートをゆっくり味わえるだろう。

2 すぐに気が散る「あれ、面白そうじゃないか…」

今の世の中、誰もがすぐに欲求を満たそうとする。待ち切れず、今すぐ知りたくなってしまう。時には、これから紹介するトレーニングを積むだけで、今すぐ注意を向けるべき用事に対応できるようになる。**残念ながら、新しい情報のほとんどが急を要するものではなく、重要でさえない。**それなのに私たちの脳は、頭を切り替えて「本当にこれは緊急の要件か?」と問いなおす練習を積んでいない。急ぎでなければ、今やっている作業にさっさと戻ればいい。逆に本当に急ぎなら、優先順位を変える必要があるか改めて考える。

そのためには、2段階の思考パターンを身につけねばならない。

ステップ1：評価する

ステップ2：急ぎの用事でなければ元の作業に戻る。優先順位が高ければ、新しく入ってきた情報に注意を向ける。

判断の目安として、新しい情報の緊急度と重要度を10段階で採点してみるとよいだろう。結果が7以上なら、今すぐ注意を向けて、現在の作業から新たな情報に頭を切り替えねばならない。4～6であれば、今やっていることの内容に応じて判断する。新しい刺激が現れたとき、他の用事で忙殺されていなければ対応すればいいし、忙しければ後に回せばいい。3以下なら、さしあたりその情報は無視してかまわない（デジタル機器の機能を活用しよう。今どきの携帯電話は、電話の着信やメールの受信があると、今すぐ電話に出るか（メールを読むか）聞いてくれる。メールなら、新規受信をポップアップ画面で通知するかどうか、オプションで選択できる）。

3 散らかってしまう「何てありさまだ……」

乱雑さは人間の脳に驚くほど大きな影響を与え、頭の中も引き出しと同じくらい散らかってしまう。部屋がぐちゃぐちゃでも気にならず、その状態に免疫ができている人が、時には羨ましく思えるはずだ。

身の周りを片付けるには、最低3カ月、長ければ1年という長大な計画が必要になる。外面（自宅や職場）と内面（頭の中）の混乱を整理し秩序を取り戻すため、少しずつ対策を講じよう。けれど心配はいらない、次に紹介するステップを実践すれば、ガラクタの山がなくなる日が見えてくる（それと同時に、数カ月ぶりに引き出しの底も見えるだろう）。

責任は全てあなたにあり、自分で散らかした部屋は自分で片付けるしかない。だが、その過程で隠れた自分の力を発見できる。

・相棒（子ども、連れ合い、友人）がいれば片付けがぐんと楽になる。彼らは新たな視点を教えてくれる。手を貸してもらい、何をどこにしまうか、どうすれば楽しく進められるか相手の意見を受け入れよう。何時間か一緒に作業した後は、おいしい食事（あなたのおごりだ）を楽しんだり長い散歩にでかけたりして、絆を深めよう。自分と同じく部屋の片付けに苦労している人を、相棒に選んでもいいだろう。
・相棒と一緒にいったん片付けが終わったら、その後は週1回、1時間ひとりで整理整頓をする時間を作ってきれいな状態をキープする。次第に間隔を伸ばし、最終的には月1回で済むようにする。
・片付けた場所をそのまま保つため、毎週15分間、整理整頓の時間をとるようにする。
・あとどれだけ残っているかではなく、片付けが終わった箇所がいくつあるかに目を向け、自分をほめるようにする。

4　集中できない「今はこれに集中すべきなのに……」

映画や読書、スポーツ、大切なプレゼン、病院での診察など、最後に何かに100％集中できたのはいつか、思い出してみよう。その瞬間を振り返ってみる。あなたが集中できないのは、やり方を忘れてしまったからで、練習してコツを覚えなおす必要があるのだろうか？　それとも、今まで一度も完全に集中した経験がないのか？　いずれにせよ、本書がお手伝いできる。

集中できた経験があるなら、そのときの状況を思い出そう。**どこにいて、何曜日の何時頃で、どんな条件のおかげで集中できたのか。集中力が高まる条件は何か。**むろん、注意を向ける対象の面白さや華やかさが、集中力を大きく左右するのは疑いない。そこは自分ではどうしようもないが、それ以外の条件はコントロールできる。

たとえば頭が冴えている朝の方が集中できる、十分睡眠をとった後がいいという人もいれば、友人と楽しい夕べを過ごしているときや連れ合いと過ごすくつろいだ時間、栄養たっぷりの朝食をとった後がいいという人もいるだろう。自分が１００％集中しやすくなる条件を３つ考え、実験してみよう。今度大切な用事に取り掛かる前に、その条件を再現するか、少なくとも頭の中で思い返すようにするのだ。

集中できた記憶が一切ないなら、まずは今この瞬間に目を向け意識的に取り組んでみる。自分にこう語りかけよう。「ハイハイしていた赤ん坊が、全神経をはりつめて初めて両足で立つときのように、今こそ細心の注意を払って集中するスキルを身につけるんだ」何度か深呼吸して雑念を追い払い、５分間目の前の作業——月次報告書、メモ、重要な会議の資料づくり——に集中してみる。５分経ったら手を止め、初めて歩いた赤ん坊をほめるつもりで自分に拍手を送ろう。あなたは丸々5分間、１００％集中することができたのだ。すごいじゃないか！

今度は10分間挑戦してみる。どんな条件があれば上手くいき、どんな時に失敗するかに注意する。自転車の乗り方を覚えるのと同じで、練習と、転んでもう一度取り組む意欲が大切なのだ。

5　いつも遅れてしまう

「ごめんなさい……」

いつも遅れるのは、やることが多すぎるサインかもしれない。**自分の処理能力を越えた仕事を、引き受けてしまっているのだ。**そんな場合、次のアドバイスを参考にしてほしい。

・やることを減らす——日、週、月単位でやるべきことをリストに書き出す（夫（妻）やパートナーに手伝ってもらってもよい）。その一部をやめるか、誰かに頼むか、仕事の量自体を減らせないか考える。この方法で、やることリストの項目を10％以上減らす。色々なことに手を出してどれも中途半端より、少ない用事を最後までやり終える方がいい。

・1日15分息抜きする——遅刻や物忘れは、心の落ち着きを取り戻し脳を元気にするため、息抜きが必要だというサインかもしれない。ハーバード大学医学部のハーブ・ベンソン博士は、1日10

～15分、深呼吸や瞑想やヨガなどを通じ今この瞬間に意識を向けるよう提案している。穏やかな気持ちで1日を始められるよう、朝やってもいいし、午後遅い時間に取り組んでもいい。

・心のバランスを調整する――いつも遅れるのは、プラスの感情が少な過ぎるか、マイナスの感情が多過ぎるサインかもしれない。どちらの場合も、脳、特に記憶力の働きが妨げられる。プラスとマイナスの感情の比率の目安は3対1で、プラスの割合がこれより多ければ脳は活発に働くが、これを下回ると頭がきちんと働かなくなってしまう。

6 同時進行できない「全部やっているつもりだったのに……」

マルチタスクできないというお悩みなら、思いわずらう必要はない。従来の通念に反して、マルチタスクは全く効率的でないことが研究で証明されている。**かかる時間の長さに関係なく、どんな作業も、25%、50%あるいは75%の注意を向けるより、100%それに集中した方が良い結果を出せる。**子どもの話を聞く、メールに返信する、あるいは窓の外の景色を楽しむなど、何をするにせよ目の前のことに完全に意識を向けるためのスキルを、身につけるべきなのだ。たとえるなら、恋に落ちて相手に思いを伝えたいとき、視線をそらさず愛しい人をじっと見つめるのと同じだ。ひとつのことから別のことに移るときには、頭のスイッチをしっかり切り替える。さっきまでやっていたこと、この後やる予定のことに今この瞬間を汚されてはいけない。目の前のことに全力で取り組むと、時間の流れが緩やかになり、短時間で沢山のことができる。

色々手をつけてどれも途中で終わるのでなく、ひとつひとつに真剣に向き合うことが大切なのだ。

7　いつまでも足踏み状態

「ここで踏ん張るのに必死で……」

次々押し寄せる用事をこなすのに精一杯で、前に進めない状態からどうすれば抜け出せるだろう。**足踏みをやめて前進するには、コントロール感を高める必要がある。**そうすれば、やるべきことは必ず終えられるという自信と、正しい方向に進んでいるという確信がもたらす安心感を抱くことができる。

この大切な資質を取り戻すため、次の方法で時間を節約しよう。

・一日のうちで一番仕事がはかどる時間帯に、絶対に邪魔を入れない時間を作る。最初は毎日15分から始め、30分に伸ばし、数カ月かけて2～3時間は確保できるようにする。

・休憩を挟みたい頃合いに、細かな用事を処理するための時間を設定する。1日20分など決めて、その時間帯に電話やメール、ツイートの確認などを行う。
・電話やメールで自分に連絡をとろうとする相手に対し、毎日返信する時間帯を決めているので、すぐには対応できないと伝えておく。
・邪魔を入れないと決めた時間には、メールや携帯を一切見ない練習をする。その場ですぐ対応する必要がなくなれば、すぐにコントロール感を取り戻せるだろう。
・集中力を保ち、時間の使い方への意識を高めるため、1時間毎に15分の休憩をとる。

8 疲れ果てている「あまりに大変過ぎる……」

それも無理はない。今の世の中、疲れていない人などいるだろうか。**だがこのストレスの原因は、注意散漫と混乱にあることが多く、そのせいで心身の健康が損なわれてしまう。**

「ジムに行く時間がない、忙しすぎて料理できずファストフードに走ってしまう、疲れ過ぎて眠れない、もうボロボロだ!」

こんな訴えをよく耳にする。クライアントは多くを語らないが、これは必ずしも抑うつが原因でなく、注意散漫と混乱が生みだした心の叫びである場合が多い。いわば、警告ランプが点滅している状態だ。**一度立ち止まり、リセットボタンを押す必要がある。**一体どうすれば廃人のような状態から立ち直り、栄養も睡眠もたっぷりとって健康的な生活を送り、あの人は日々の雑事を易々こなしていると尊敬を集められるようになるのだろう。

・週に何回か、自分の人生で何に感謝すべきか振り返る時間を作ろう。陳腐なアドバイスに聞こえるかもしれないが、そうすればもっと前向きな気持ちになれる。
・次に、疲れ果てた廃人でなく、本当はどんな人間になりたいか考える。冷静で自信にあふれた人、余裕がある穏やかな人？　お手本にするのは誰だろう、その人をどんな言葉で説明できるだろう。
・優先順位を逆にし、自分の健康を最優先する。そうすれば元気がわき、心身のバランスがとれて穏やかな気持ちでやるべきことをこなせるだろう。
・健康に良い習慣をひとつ選び、実行できるよう取り組む。運動を選んだ場合、ジムに行く代わりに手軽な場所で運動すれば時間をとられないだろう。散歩に出かける、自宅でできるエクササイズのビデオを買うなど。健康に良いだけでなく、ストレスも低下するはずだ。

9　効率があがらない「もっと手際よくできるはず……」

大事な局面で自分をコントロールできるようになった、物事の優先順位もつけ毎日の生活をスムーズに回せている気がする——それでも、もっと効率をあげられるのではないかと感じてしまう。

まず何よりも、多くの現代人と違い、自分がまだ心の余裕を失っていないことを喜ぼう。次に、自分がどうしたいか細かく考えてみる。効率的とは何を意味するのだろう。辞書を見ると、最低限の時間と労力で最大限の成果をあげることと書いてある。**ではあなたは、1日のうちどこで時間を無駄にしているだろう。**削るべき贅肉《ぜいにく》はさほどなくても、小さな問題はいくつか見つけられるはずだ。時間と労力の無駄を減らす方法を、考えてみよう。

・その日の「やることリスト」を作る――翌日やることを前の夜にリストアップし、やるべきことを頭に入れた状態で1日を始める。

・仕事に着ていく服、運動用の服、おやつ、ハンドバッグを（鍵や眼鏡と一緒に）揃えておく。前の夜に携帯電話を充電し、パソコンのバックアップをとっておく。

・スケジュール帳や「やることリスト」を、あらためて見直してみよう。今日やらなくてもいいことが、いくつも見つかるのではないだろうか。

・燃え尽きると効率が落ちるため、何度か（1時間半毎に）短い休憩をとってリフレッシュする。

・創造力が必要な難しい作業をするための時間を、あらかじめ確保しておく。手早く処理できる仕事を間に挟み、頭を休ませる。集中力が高まるピークの時間帯を、つまらない用事で無駄にしない。

10　破綻寸前「＃＠？！！＊……」

今の世の中、大勢の人があとひとつ仕事が増え、新たなデジタル機器があとひとつ増えたら、自分は破滅の淵に追いやられてしまうと不安がっている。

あなたもそう感じているなら、次のことを忘れないでほしい。頭がおかしくなりそうでも、少なくとも今はまだ大丈夫だ。大切なのは、不安を振りはらうことにある。**あなたは単に、マイナス思考につきまとわれることを選んでいるだけなのだ。**その思考パターンから抜け出し、別の思考パターンを見つければいい。「私って偉い！　パニック寸前の不安を前に、まるで崖っぷちに毅然と立つヒマラヤ山羊のように、冷静さとバランスを失わずにいるじゃない」といった具合だ。

自分が絶壁の淵で震える姿ではなく、新たな発見への希望に満ちて自信たっぷりに崖沿いを歩く姿を思い浮かべよう。それこそ、新たな人生に歩みだすあなたの本当の姿なのだ。そのイメージを思う存分楽しもう！

ポール・ハマーネス

ハーバード大学医学部精神医学准教授、マサチューセッツ総合病院精神科医。ニュートンウェルズリー病院児童思春期精神科の医師でもある。注意欠陥多動性障害（ADHD）を中心に、過去10年間脳と行動に関する研究に携わる。精神科医や精神衛生の専門家、教育関係者、家族を対象に、国内外でADHDに関する講演も行っている。臨床現場でも小児、思春期青少年、成人の治療を幅広く手がける。

マーガレット・ムーア（通称メグ・コーチ）

コーチ養成学校ウェルコーチズ（www.wellcoaches.com）創設者兼CEOとして、心身の健康にかかわるプロのコーチ向けに国際的な基準策定に携わる。ハーバード大学医学部の付属機関であるマクリーン病院コーチング研究所共同所長にして、同大学ライフスタイル医学研究所創設者兼顧問。ヘルスケア分野のコーチングに関する初の教科書（Coaching Psychology Manual）も執筆している。コーチ養成に加え、多数のコーチやクライアントが本書で紹介した変化と成長のプロセスを体験できるよう指導してきた。証拠に裏づけられた理論や概念を、長期的な変化のきっかけとなる実用的なアプローチに変換し、クライアント一人ひとりの世界を一変させる手腕に長けている。オンラインメディア『ハフィントン・ポスト』や学術誌『Psychology Today』に、コーチングと変化に関する記事を投稿している。

ジョン・ハンク

ニューヨーク工科大学でライティングとジャーナリズムを教える。長年『ニュースデイ』紙に寄稿。雑誌『ランナーズ・ワールド』の寄稿編集者。『ニューヨーク・タイムズ』『AARPブレティン』『ファミリー・サークル』『スミソニアン』『ヨガ・ジャーナル』の各誌にも記事を掲載した実績を持つ。8冊の著書があり、2005年南極マラソンを完走した自身の経験をつづった最新刊『The Coolest Race on Earth』（Chicago Review Press、2009年1月）は、米国ジャーナリスト・作家協会の2010年全国ライティング・コンテストで賞を獲得した。

森田由美（もりた　ゆみ）

翻訳者。京都大学法学部卒業。訳書に『幸せなワーキングマザーになる方法』（NTT出版）、『最強の集中術』（エクスナレッジ）、『一生モノの人脈力』（パンローリング）などがある。

ハーバードメディカルスクール式
人生を変える集中力

2017年11月21日　第1刷発行
2017年12月13日　第3刷発行

著者　ポール・ハマーネス、マーガレット・ムーア、ジョン・ハンク
訳者　森田由美
装幀　井上新八
本文デザイン　大場君人
カバー写真　Indeed/portrait of scientists, people in background/ゲッティイメージズ
編集　林田玲奈、野本有莉
発行者　山本周嗣
発行所　株式会社文響社
〒105-0001
東京都港区虎ノ門2丁目2－5 共同通信会館9F
ホームページ　http:/bunkyosha.com
お問い合わせ　info@bunkyosha.com
印刷　株式会社光邦
製本　大口製本印刷株式会社

　ISBNコード：978-4-86651-037-8 Printed in Japan　この本に関するご意見・ご感想をお寄せいただく場合は、郵送またはメール(info@bunkyosha.com)にてお送りください。